पहलू में आए ओर-छोर

दो देश : चिली और टर्की

[यात्रा-वृत्तांत]

राकेश तिवारी

पहलू में आए ओर-छोर

दो देश : चिली और टर्की

सार्थक
राजकमल प्रकाशन का एक उपक्रम

ISBN : 978-93-88753-52-4

मूल्य : ₹395

पहला संस्करण : अक्तूबर, 2019

स राजकमल प्रकाशन **का एक उपक्रम**
सार्थक

प्रकाशक
राजकमल प्रकाशन प्रा. लि.
1–बी, नेताजी सुभाष मार्ग, दरियागंज
नई दिल्ली–110 002

शाखाएँ
अशोक राजपथ, साइंस कॉलेज के सामने, पटना–800 006
पहली मंजिल, दरबारी बिल्डिंग, महात्मा गांधी मार्ग, इलाहाबाद–211 001
36 ए, शेक्सपियर सरणी, कोलकाता–700 017

वेबसाइट : www.rajkamalprakashan.com
ई-मेल : info@rajkamalprakashan.com

मुद्रक
यश प्रिंटोग्राफिक्स
नोएडा–201 301 (उत्तर प्रदेश)

PAHALU MEIN AAYE OAR-CHHOR
Do Desh : Chile aur Turkey
Travelogue by Rakesh Tiwari

बुद्ध रश्मि मणि
एवं
क्रिस्टोफ़र थॉर्नटन के साथ
बीते पलों की ख़ुशनुमा यादों को समर्पित

क्रम

भूमिका

स्कूली पढ़ाई के साथ जैसे-जैसे दुनिया के इतिहास-भूगोल की नई-नई जानकारियाँ मिलने लगीं चंचल मन कुछ ज़्यादा ही चिबल्लई करने लगा। कभी उचक कर चीन की दीवार पर चढ़ जाता, कभी क़िस्सों में सुने टर्की वाले कुस्तुन्तुनिया और उत्तरी अफ्रीका में इब्न-इ-बतूता वाले टिम्बकटूं में रचता-बसता, तो कभी कोलम्बस के खोजे दक्षिण अमेरिका तक चक्कर लगाने लगता। यूँ ही चुलबुलाते हुए पचास-पचपन पार कर गए फिर भी उनमें से कहीं भी जाने का मौक़ा नहीं मिल पाया और यह लगने लगा कि 'अब अगले जन्म तक के लिए सबर कर लो!'

तब तक एक दिन, दिल्ली में एक ऐसे आदमी की खोज होने लगी जो तुरत-फुरत एक शोधपरक प्रेजेंटेशन तैयार कर सके, पश्चिम एशिया, उत्तरी अफ्रीका, दक्षिणी अटलांटिक सागर और दक्षिणी अमेरिका के पश्चिमी सिरे तक की छत्तीस घंटे की कमरतोड़ हवाई-यात्रा कर ले, और पहुँचते ही सान्तिआगो (चिली) में आयोजित 'कनेक्टिंग वर्ल्ड हेरिटेज साइट्स एंड सिविलाइज़ेशन' विषयक 'अंतरराष्ट्रीय कॉन्फ्रेंस' में हिस्सेदारी करने लायक़ भी रह सके। इसके लिए पहले से तैयार, मेरी चिबल्लई से बख़ूबी वाकिफ़, भारतीय पुरातत्त्व सर्वेक्षण के डा. मणि ने मेरा नाम सुझाया और फिर भला हाथ आया यह मौक़ा कैसे चूक जाता!

सांतियागो की कॉन्फ्रेंस में कोलम्बस के उस महाद्वीप में क़दम रखने से सदियों पहले ही वहाँ के फल-फूलों के भारत पहुँच चुकने के सबूतों का सिजरा पेश करके पास-पड़ोस और दूरस्थ देशों के भागीदारों को ख़ासा चौंकाया, उनके दिलचस्पी भरे सवालों के जवाब दिए। उनसे घुलते-मिलते विश्व विरासत में शामिल ख़ूबसूरत 'वाल परासियो' शहर की सैर करने के अलावा, दुनिया के सबसे ऊँचे रेगिस्तान 'कलामा-आताकामा' का भी चक्कर लगा आए।

ज़्यादा दिन नहीं बीते, नौकरी से रुख़सती और साठा पार वाले वरिष्ठ नागरिकों में शामिल होने के बाद, जब लगने लगा कि—'बार-बार बटेर हाथ नहीं आती! अब तो कुर्सी भी नहीं रही, कोई नहीं पूछने वाला तुम्हें।' तभी, अमेरिका से 'नेशनल

जियोग्राफ़िया' वाले डा. क्रिस्टोफ़र का ईमेल आया—'बहुत चल लिया दुनिया की सभ्यताओं में लड़ाई का दौर, इसलिए उन्होंने चलाई है 'सभ्यताओं में गुफ़्तगू' की मुहिम, इसका अगला दस्तरख़्वान बिछने वाला है टर्की में, मेहरबानी करके आप भी तशरीफ़ लाइए इसमें शामिल होने के लिए।'

यूनिवर्सिटी के दिनों में बड़ी दिलचस्पी से पढ़ते रहे—'फर्टाइल क्रेसेंट ऑफ़ द वेस्ट' में टर्की के एक बड़े हिस्से के शामिल होने, वहाँ बहने वाली दज़ला-फ्रात नदियों और उसकी वादियों में दस हज़ार बरस से भी पहले चले जौ-गेहूँ की खेती और भेड़-बकरी को पालने के चलन, पाँचवीं शताब्दी ईसा पूर्व के भी पहले से वहाँ तक ले जाने वाले हमारे देश के उत्तरापथ से निकलने वाले रास्तों, वहाँ राज करने वाले सैल्युकस की बेटी हेलेना और चन्द्रगुप्त के अफ़साने, उस मुल्क से बहुत पुराने ज़माने से लगातार चल रहे अपने रिश्तों, वहाँ की क़िस्सागोई के क़िस्से और बड़े दिलदार और खानपान के शौक़ीन बाशिंदों के बारे में।

टर्की में चला गुफ़्तगू का अन्दाज़ बड़ा निराला निकला। कुस्तुन्तुनिया में बिस्मिल्लाह के बाद, एक हफ़्ते से भी ज़्यादा वक़्त तक चलती रही। दूर-दूर के मुल्कों से आए तहजीब के चुनिंदा आलिम नुमाइंदों के साथ बतियाते, जहाज में उड़ते और डीलक्स बसों में चलते, कभी पूर्वी टर्की के कुर्दों की बहुतायत वाले काहता, नेमरुत दागी की पहाड़ियों पर, कभी ऊँचे-नीचे पहाड़ों और वादियों में पसरे गेहूँ के खेतों के बीच से, नदियों के किनारे, पुरातन जगहों, अदीयमान, गाज़ियानटेप, सालिनऊर्फ़ा और अंकारा जैसे शहरों की सैर करते, क़ुदरती ख़ूबसूरती का नज़ारा लेते। ऐसी चलती-फिरती 'अन्तर्राष्ट्रीय कॉन्फ्रेंस' में हिस्सेदारी ऐसा दिलकश तजुर्बा पहली बार हासिल हुआ।

अब टिम्बकटू कब जाएँगे, जाएँगे भी या नहीं, पता नहीं। अगर गए तो वहाँ के हाल भी ज़रूर लिखेंगे। फ़िलहाल चिली और टर्की की यात्राओं के दरमियान जो ब्योरा बटोरता रहा उसका हवाल इस सफ़रनामे के ज़रिए आपके लिए पेश है।

—राकेश तिवारी

सान्तिआगो
चिली

1

चिल्ली चल चले चिली

उत्तर प्रदेश के सोनभद्र ज़िले में 'राजा नाल के टीले' (नौरजा) की पुरातात्त्विक खुदाई से निकली मिट्टी को बाल्टी के पानी में घोलने पर उतराए कोयले के छोटे-छोटे टुकड़ों को छलनी में छानकर, ख़ुर्दबीन पर परखकर डाक्टर कृपा शंकर सारस्वत ने यह बताया कि यहाँ 800 ईसा पूर्व के जमावों में शरीफा भी बख़ूबी खाया जाता था। और यह भी कि यह फल मूलत: अमेरिका का निवासी है और माना जाता है कि भारत में यह कोलम्बस और वास्को-द-गामा के आने के बाद ही पहुँच पाया था। उन्होंने यह भी बताया की इस धारणा में दम नहीं है क्योंकि न केवल 'राजा नल के टीले' से वरन इस फल के बहुत पुराने सबूत इसके पहले पंजाब में संघोल से (100 ईस्वी और उसके बाद) और भरहुत से (200-100 ईसा पूर्व) से भी मिल चुके हैं। मिर्ज़ापुर के 'टोकवा' नामक डीह से तो इसकी प्राचीनता 1600-1700 ईसा पूर्व तक आँकी गई है। इसके स्वाद के क्या कहने, कितना ही छक कर भी मन नहीं अघाता, इसीलिए यह 'अतृप्त्य' भी कहलाता है।

डाक्टर सारस्वत से पाया प्रसाद चखते ही अपना शेखचिल्ली मन अमेरिका के नक़्शे पर मँडराने लगा। फिर वहाँ जाने के सपने देखते-देखते पस्त हो-होकर सोचता—'उड़ लो जितना उड़ सकते हो और लौट-लौटकर यहीं उतरते रहो, अमेरिका यहीं नहीं है।' लेकिन भावी को जो मानते हों उनके लिए एक उदाहरण और जुड़ा, डाक्टर मणी (गुरुकुल के साथी और भारत सरकार के पुरातत्त्व विभाग में बड़े ओहदेदार) के फ़ोन से। जानना चाहते थे 'सान्तिआगो' चलने का समय निकाल सकते हैं। और इस तरह होने लगा अपना सपना साकार। भीतर से एक लहरा सा उठा—'सारस्वत साहब से मिली पंजीरी दक्षिण अमेरिका तक बाँटने का इससे बढ़िया मौक़ा फिर नहीं मिलने वाला।'

2

कोलम्बस से पहले

कुछ ही देर बाद फिर से फ़ोन घनघनाया। उधर से बोल रहे चिली में भारत के राजदूत ने सान्तिआगो में 'भारतीय दूतावास' और 'यूनिवर्सिदाद मायोर' (Universedad Mayor) मिलकर 'फर्स्ट इंटरनेशनल कॉन्फ्रेंस : कनेक्टिंग वर्ल्ड हेरिटेज साइट्स एंड सिविलाइजेशन' के आयोजन की जानकारी देते हुए उसमें भागीदारी और भारतीय मन्दिरों पर एक 'प्रेज़ेंटेशन' देने की अपेक्षा की।

अब इस तरह मनमाँगी मुराद पूरी होते देख 'हाँ' के अलावा और क्या कहता! लेकिन मेरा मन तो सारस्वत साहब का प्रसाद बाँटने को कुलबुला रहा था, इसलिए उनके प्रस्ताव पर हुँकारी भरने के साथ इस बारे में अपना इरादा भी उनसे साझा किया—इजाज़त हो तो एक और विषय पर कुछ पेशकश करने का दिल कर रहा है और वह है 'कोलम्बस के भारत आने से पहले के अमेरिका और एशिया के सम्बन्ध।' लेकिन उधर से बिना हाँ-ना कहे फ़ोन कट गया। लगा शायद इस मौक़े के लिए इतने मौजू मज़मून की अहमियत समझ नहीं पाए। तब तक उनका फ़ोन फिर आया और इस बारे में थोड़ी और पूछताछ करके एक छोटा सा नोट भेजने को कहा। जितनी देर नोट टाइप करने में लगा उतनी ही देर में ईमेल से नोट भेज दिया और उधर से इसकी मंजूरी भी चटपट पा कर चोला मगन हो गया।

आगे की तैयारी के लिए हाथ में रहा कुल हफ़्ते भर का वक़्त, उतने ही में दो-दो प्रेजेंटेशन बनाना और एक परचा लिखना, और सबसे मुश्किल—सरकार की इजाज़त की दरकार। आगे बढ़कर बयाना तो ले लिया अब पूरा कैसे करते? लेकिन होनी को भाया तो सब पलक झपकते होता गया। सरकारी सिस्टम में जहाँ एक-एक काग़ज़ कई-कई दिन में सरकता है, वहाँ सब लोग इस काम को राम-काज समझकर पूरे जतन से करने और कराने में जुट गए। डिप्टी सेक्रेटरी ने ज़ोर लगाया, सेक्रेटरी साहब की कृपादृष्टि बनी, और दो दिन सार्वजनिक अवकाश होने के बाद भी मुख्यमंत्री कार्यालय में प्रमुख सचिव जी ने कुछ घंटों में ही फटाफट चिड़िया बैठाकर विदेश जाने का रुक्का जारी करा दिया। जिसने भी जाना सुना अवाक् रह गया—आख़िर यह सब इतनी जल्दी हुआ कैसे? इसी को कहते हैं विधि का विधान।

उधर कुछ सालों से तेज़ी से बुढ़ा रहे इस अकिंचन में भी जाने कहाँ से इतनी जल्दी लिखने-पढ़ने और सजाने का बल समा गया। पूरे मनोयोग से जुट गए और 'प्री कोलम्बियन कॉन्टैक्ट्स : अमेरिका एंड एशिया (इंडिया)' (कोलम्बस से पहले अमेरिका और एशिया (भारत) में सम्बन्ध), 'इंडियन टेम्पल्स : सिंगुलर कांट्रीब्यूशन टू वर्ल्ड हेरिटेज' (भारतीय मन्दिर : विश्व धरोहर को विलक्षण देन) शीर्षक वाली, दोनों प्रस्तुतियाँ पेन-ड्राइव की गिरफ़्त में लाने के बाद ही चैन लिया।

3

चिली में दाख़िल

लखनऊ से दिल्ली, फिर दिल्ली से मणी जी का साथ धरा। वहाँ से 28 मई, 2012 को उड़ा 'एमिरेत' का शानदार 'तैयारा' दुबई में उतरा। आगे की उड़ान के लिए पूरे 6 घंटे का गैप लेकिन बेमसरफ। रात के अँधियारे में उतरे, हवाई-अड्डे के भीतर ही चहलक़दमी करके लम्बी आरामकुर्सी पर लम्ब लेट, और आती-जाती चीनी-जापानी, अरबी-अफ़्रीकी सवारियों को तजबीजते ऊँघते रहे। उजियारा होते 'रिओ द जेनारियो' के लिए रवानगी।

आगे रिओ (रिओ द जेनारियो, ब्राजील) तक 19 घंटे 20 मिनट की उड़ान का सफ़र काटने के कई सबब बने। लाल रंग की गोल टोपी और सफ़ेद स्कार्फ़ में छुपा-छुपा सा झाँकता व्योम-बालाओं का चेहरा, लेकिन उड़ान भरते ही टोपी-स्कार्फ़ हटाकर रूबरू हुए ख़ूबसूरत मुखड़े। चाय, वाइन, नाश्ते और खाने के दौर, सिनेमा और सबसे बढ़कर दुनिया के नक़्शे पर हमारे जहाज के उड़ान का स्टेटस समझने का बेहतरीन ज़रिया। अरब, अफ़्रीका के ऊपर क़रीबन दस और नौ घंटे अटलांटिक महासागर पार करने में लगे।

रिओ में एक बार जहाज से बाहर, फिर अन्दर और फिर अर्जेंटीना की राजधानी 'ब्यूनेस एरिएस' या 'ब्यूनस आयर्स'। एक्सरे मशीन में सामान डाला और पार, देखने वाला मोबाइल पर बात करने में ही मगन रहा, मतलब सुरक्षा का हाल भगवान भरोसे।

एक और लम्बा गैप 'लैन एयर लाइंस' के सुरक्षाकर्मियों के करतब देखते बिताया। पहले तो वे गप्प मारते और जैसे ही कोई यात्री आता उसको घेर कर ऐसा टूटते मानो उसकी जाँच नहीं वरन उसको डराने का माहौल बनाना हो।

'वर्जिनिया लिन्हास' के जहाज से 'सान्तिआगो' पहुँचे। इस तरह दिल्ली से 44 घंटे का सफ़र पूरा करके सान्तिआगो हवाई अड्डे पर सही सलामत उतर गए। भले ही मणी जी हमारे दो सदस्यीय डेलिगेशन के लीडर ठहरे, पुराने नातों के चलते रास्ते भर मुराही करने से नहीं चूके, रास्ता तो रौं-चों में कट गया लेकिन आगे क़दम-क़दम पर लगे लड़खड़ाने। एक के बाद एक आते गड्ढों में।

एयरपोर्ट कर्मियों को पहले तो आधा घंटा अपने अफ़सरानों से राय-बात करते यही तय करने में लग गया कि कूटनीतिक पासपोर्ट वाले इंडियन को बिना वीसा के 'चिली' में दाख़िल होने की इजाज़त दी जा सकती है क्या? उससे निपटे तो पाबन्दी के चलते साथ लाए अखरोट-किशमिश का पैकेट जब्त, बाहर निकले तो चक्कर लगा-लगाकर हारे, कोई स्वागतकर्ता नहीं। मणी जी ने राजदूत महोदय को फ़ोन मिलाया, पहले तो उठा नहीं, उठा तो आधी रात के बाद वाली नींद में इतना बतियाये कि पूरे 1500 रुपये बैलेन्स खप गया सो अलग, और हाथ कुछ आया नहीं। पता चला अंग्रेज़ी केलैंडर की बीच रात बदलती तारीख़ के चलते हमें रिसीव करने वाला एक दिन पहले ही बैरंग लौट गया था। कैसओ रोवत-गावत अपने से टैक्सी पकड़कर भोर तलक होटल पहुँचे तो मुर्दा जस पर रहे।

4

चचा सहाय

फ़ोन घनघनाया तो आँख मिचमिचाते उठे, सोचा घर से आया होगा। गहरी नींद में भान ही नहीं रहा कि घर से 20, 000 किलोमीटर से भी ज़्यादा दूर सान्तिआगो के होटल लस्तारिया में मुकम्मल हूँ। उधर से आवाज़ आई—''इंडियन एम्बेसी से शौक़ीन बोल रहा हूँ, आपको डी.ए. की रकम देनी है'', तब होश में आया। यह फ़ोन न आता तो इतने लम्बे सफ़र की थकावट से चूर सोता रहता, कुछ तो ख़याल रखना चाहिए था शौक़ीन साहब को हमारी दिक़्क़तों का। किसी तरह उन्हें बाद में आने को कहकर रुख़सत पाई और कुनमुनाते हुए दोबारा सोने चला।

लेकिन संकट तब भी टला नहीं, घंटी फिर से घनघनाई। अबकी बार रिसेप्शन से आवाज़ सुन पड़ी—"प्रोफ़ेसर सच्चिदानन्द सहाय बोल रहा हूँ, आप लोग तैयार हो जाएँ तो एम्बेसडर साहब से मिलने चलना है।" अनमना सा उठना ही पड़ा। नीचे जाकर मणी जी को जगाया। सहाय साहब का पैग़ाम सुनाया। वो भी ढुलकते हुए उठे। ऐसे में 'मन की व्यथा मन ही राखे गेय' वाली साखी भुला कर उन्होंने मन ही मन शौक़ीन साहब और प्रोफ़ेसर सहाय का 'वन्दन' ज़रूर किया होगा, मगर दुनियादारी भी कुछ होती है इसलिए जल्दी से जाकर उनको सलाम बजाया।

कोई ढाई दशक पहले प्रोफ़ेसर सहाय को लखनऊ के एक सेमिनार में देखा था, क़द-काठी में वैसे ही दिखे, बस फ़र्क़ इतना ही हुआ कि—केशव केसनि अस करी..., एकदम उजले केश। राजी-ख़ुशी की ज़रूरी दरकार पूरी करके जैसे ही स्थिर हुए, हमने अपनी पुरानी आदत के मुताबिक़ उन्हें 'चचा सहाय' नाम से नवाज़ दिया।

चिली में भारत के राजदूत महामहिम श्री प्रदीप कपूर बड़े गहरे ज्ञानी निकले। बातों-बातों में कम्बोडिया, दक्षिण-पूर्व एशिया में उनके अकादमिक कामों की जानकारी मिली। प्रभावशाली व्यक्तित्व, चेहरे पर विशिष्ट मुस्कान, बड़ा ही आत्मीय व्यवहार, थोड़ी चर्चा के बाद घर पर भोजन के लिए लिवा ले गए।

घर एक मन्दिर सा सजा मिला। वहाँ मौजूद मिले, जे.एन.यू. में रहकर भारतीय मठों पर छह बरस तक रिसर्च कर चुके, चिली में भारतीय इतिहास, पुरातत्त्व और संस्कृति पढ़ाने वाले प्रोफ़ेसर सर्जिओ कर्रसको (Prof. Sergio Carrasco)। उनकी चढ़ती-उतरती वाक्-शैली बहुत ही भावपूर्ण। भोजन के साथ भजन में पूरा अकादमिक-सत्र चल निकला। राजदूत महोदय, उनकी विदुषी धर्मपत्नी, चंडीगढ़ यूनिवर्सिटी की डाक्टर भंडारी, प्रोफ़ेसर सहाय और डाक्टर मणी जैसे भारी-भरकम विद्वानों के बीच जहाँ मौक़ा मिला अपना भी ज्ञान बघारा। सत्संग के न्यारे माहात्म्य से अल्पकाल में ही बड़ी विद्या समेटी।

भोजन के बाद राजदूत महोदय से नगर-भ्रमण की दक्षिणा भी मिली। डाक्टर मणी ने मार्ग के दोनों ओर लगे दरख़्तों को चीनार के परिवार का बताया। साफ़-सुथरा सलीक़े से संजोया सान्तिआगो नगर पहली नज़र में ही भा गया। अलग-अलग रंग-ढंग की इमारतों और दीवारों पर सजी रंगोलियों/ग्राफ़िटी ने मन मोह लिया। आज के और सौ साल पहले के यूरोप की मिलीजुली झलक। चारों ओर से पहाड़ों से घिरे पन्द्रह सौ इकतालीस में बसे इस शहर के एक ओर दिखता बर्फ़ ढका एंडीज़ पर्वत। दक्षिण अमेरिका के पश्चिमी सिरे पर उत्तर-दक्षिण दिशा में फैलती पतली पट्टी के बीचोबीच बसे होने की वजह से इस शहर को हर तरह से राजधानी बनाने का फ़ैसला बिलकुल सटीक ठहरता है। पर बज़रिए इंटरनेट जून में 6 डिग्री तापमान के हिसाब से लाये कपड़ों की ज़रूरत नहीं पड़ी।

'रियो' से चलते ही सहयात्रियों के चेहरों की बनावट में साफ़ फ़र्क़ दिखने लगा था। हमें इनमें, हज़ारों बरस पहले अन्तिम हिमयुग में (आज से 16,500-13,000 वर्ष पूर्व) उत्तर-पूर्वी एशिया और उत्तर-पश्चिमी अमेरिका के बीच की 'बेरिंग स्ट्रीट' के नाम से मशहूर पतली पट्टी के रास्ते पर टहलते हुए पूर्वी एशिया से यहाँ आए लोगों के नाक-नक़्श के अक्स नज़र आने लगे थे। ख़ास सपाट चेहरे, अलग तरह की आँखें। औसत क़द-काठी के आदमी। सुन्दर बालाएँ, सुगठित, लहराते खुले बाल, जींस-टीशर्ट में, आत्मविश्वासी चेहरे पर तनिक सा सलोना रूखापन। हमारे यहाँ की तरह नन्हे बच्चों को सँभालने को उनके पीछे भागती माताओं की तरह नहीं, अपने में मस्त बेफ़िक्र, इधर-उधर छटकते बच्चे थोड़ी देर में ख़ुद ही माँ को ढूँढ़ते चले आते। यूरोपीय चेहरों के बीच सान्तिआगो में ऐसे लोग कम ही दिखे।

हमारा सारथी सबसे पहले 'इंडियन प्लाजा' दिखाने ले गया। सामने के छोटे तिकोनिया पार्क में लगी नेहरू, गांधी और टैगोर की प्रतिमाएँ और बग़ल की पार्किंग में खड़ी 'महेन्द्रा-एंड-महेन्द्रा' की वैन दिखलाई। डाक्टर मणी यहाँ की लम्बी बसों पर रीझ गए। सनद रखने को हमने कुछ तसवीरें उतारीं। फिर, कुछ यादगार ख़रीदने के फेर में 'लापिस लाज़ुली' (लाजवर्द) की एक दुकान में तरह-तरह के गहने टटोलते रहे, लेकिन अपना परता नहीं पड़ा।

5

31 मई, 2012

यूनिवर्सिदाद मायोर

पूरे चौवालीस घंटे के सफ़र के 'जेट लॉग' और साढ़े नौ घंटे के 'टाइम-गैप' से त्रस्त जागते-ऊँघते 'कॉन्फ्रेंसिया' के लिए तैयार होने लगे। मणी जी ने सुझाया—"ब्लेजर-टाई निकालिए।" अपन ने लीडर का हुकुम बजाते हुए वैसा ही किया, और पहन-ओढ़ कर चिल्ली बन गए जेंटलमैन।

सफारत की गाड़ी से शहर की सुबह निहारते चलते एक शिलापट्ट का लेख पढ़कर मणी जी ने बताया कि लस्तारिया साहब जज थे। फिर, जब तक उसकी पुष्टि स्पैनिश जानने वालों से न करा ली चैन न लिया, बुरी आदतें आसानी से नहीं छूटतीं।

यूनिवर्सिदाद मायोर (Universidad Mayor) के कैम्पस एल क्लॉस्ट्रो (Campus El Claustro) की खपरैल की छत वाली पुरानी इमारत देख दिल बह गया। ऊँचे चिलियन ताड़ और दूसरे पेड़ व झाड़, अन्दर छोटे से बगीचे में ज़मीन या बेंच पर इधर-उधर छितर कर बैठे गप्प मारते युवा छात्र। रजिस्ट्रेशन के बाद ऑडिटोरियम में जुटे तो फिर ग़फ़लत हो गई—कुछ सजने की तैयारी और कुछ अपनी आपाधापी में दवा खाना और लाना बिसर गए। बुढ़ौती मा यहू दुश्वारी, बेर-बेर धरैं वहै वाशरूम की राह।

मेक्सिको, ब्राज़ील, इटली, चिली, भारत, थाईलैंड, इराक, मलेशिया, कोलम्बिया, स्वीडेन आदि देशों के राजनयिकों की भागीदारी से, अन्तर्राष्ट्रीय स्तर पर सांस्कृतिक सम्बन्धों को रफ़्तार पकड़ाने का, कॉन्फ्रेंस का निशाना एकदम सटीक बैठा। राजदूत महोदय ने भारत में शोध करने के लिए चिली के शोधकर्ताओं को दो अवार्ड्स देने की घोषणा करके दोस्ती और आपसी रिश्तों की नई बुनियाद डाली। अगर ऐसे ही मौक़े भारतीय शोधकों को भी मिल सकें तो यह बयार दोतरफ़ा हो जाएगी। माहौल बड़ा ख़ुशनुमा रहा।

उद्घाटन-सत्र के बाद चाय-पान के समय समोसे की ट्रे सामने आई तो अपनी सफारत के साथियों पर बड़ा नेह जागा। लगे उनकी सूझबूझ की जयजयकार करने। फिर, कनखी मारते दो-दो-तीन-तीन दबा गए। राजनयिकों की बातचीत के बीच कई देशों के प्रतिभागियों से नई पहचान बनाई।

6

31 मई, 2012

अकादमिक-सत्र : थम्ब्स अप

मणी जी ने आगाह किया कि कॉन्फ्रेंस (CONFERENCIA) के अकादमिक-सत्र का पहला ही मुचहटा इस नाचीज़ को सँभालना पड़ेगा। सुनकर लगा मुराही कर रहे हैं तो छपा हुआ एजेंडा दिखाने लगे। बड़ी सांसत में पड़े, ज़िन्दगी भर जूझ कर तो कुछ अंग्रेज़ी पल्ले पड़ी और यहाँ पाला पड़ गया स्पैनिश से। ख़ुदा का शुक्र जो साथ मिला ब्राह्मी, खरोष्ठी और तिब्बती पढ़ लेने वाले मणी जी का, उनके लिए स्पैनिश की क्या बिसात। देख-पढ़कर समझाया तो आयोजकों को यह समझाने में

बड़ी मशक्कत हुई कि उनके लिखे में क्या कुछ उलट-पलट हो गया है—मैं यू.टी. यानी यूनियन टेरिटरी से नहीं यू.पी. यानी उत्तर प्रदेश से आया हूँ और यह भी कि मेरी दोनों प्रस्तुतियों के विषय एक ही में गड्ड-मड्ड हो गए हैं।

सोचा था बिना पैसे दुनिया की सैर होगी लेकिन यहाँ तो हरावल दस्ते में शामिल होने पर साँस अटक गई। इस बिन बुलाए आई बला से निपटने की जुगत बैठाने में पहले शंका समाधान की सोची लेकिन कॉन्फ्रेंस की सचिव डॉक्टर गैब्रिएला ने वाशरूम के दरवाज़े पर ही लोक लिया—

> ''प्रोफ़ेसर तिवारी योर नेम इस ऑलरेडी एनाउंस्ड फ्रॉम द डायस।'' (प्रोफ़ेसर तिवारी आपका नाम डायस से पुकार लिया गया है)।

मजबूरन उनके पीछे-पीछे लपकता यह बताना भी भूल गया कि प्रोफ़ेसर नहीं बस डॉक्टर तक ही समझिए। और सारस्वत साहब की पंजीरी गठियाये, देश भर के मन्दिरों की घंटियाँ टुनटुनाते और मणी जी की शरारती मुस्कुराहट नज़रअन्दाज़ करते डायस पर जा डटा।

कोलम्बस से तक़रीबन डेढ़ सहस्राब्दी पहले और उसके बाद से ही हिन्द-एशिया पहुँच चुके अमरीकी मूल के फल-फूलों का ब्योरा देने से पहले उनके सुबूत जुटाने वालों की महिमा बखानी। इस सिलसिले में सबसे पहले अलेक्जेंडर वोन हम्बोल्ट (1814), फिर सी.एल. जॉनसेन (1981-82), जॉन ए सोरेंसेन (1990, 2006), शक्ति एम. गुप्ता (1996), और फिर ख़ास तौर पर डॉक्टर कृपा शंकर सारस्वत (1993-2008) के शोध को सराहा।

उसके बाद तरतीब से दिखाया कि शरीफा ही नहीं मक्का, कंटीला भटकटैया, सूरज की ओर मुख उठाकर खिलने वाला सूरजमुखी, रसीला अनन्नास, तीखी मिर्ची, काजू, चौलाई आदि कोलम्बस के पहले कब-कब और कहाँ-कहाँ एशिया और ख़ास तौर पर हिन्द में पाये गये हैं। एक-एक स्लाइड पर उभरने लगे—

> कर्नाटक के सोमनाथपुर, बेलूर और हेल्बेइद के लगभग 12 वीं शताब्दी ईस्वी के होयसल मन्दिरों की प्रस्तर प्रतिमाओं के हाथ में प्रदर्शित मक्के की बाल; राजस्थान के मंडोर और ओसियाँ के 10वीं-11वीं शताब्दी ईसवी के देवालयों में निरूपित मान्स्टेरा (Monstera deliciosa) के पत्ते; आठवीं शताब्दी के वामन पुराण में वर्णित मिर्च; मध्य प्रदेश की उदयगिरि गुहा में लगभग 5वीं शती ईसवी की भगवान वराह की वनमाला में गुम्फित अनन्नास; पंजाब स्थित संघोल से मिले क़रीबन 1800 बरस प्राचीन तम्बाकू के जले हुए दाने; भरहुत स्तूप (मध्य प्रदेश) के प्रस्तर-पट्ट पर 2200 बरस प्राचीन काजू के उकेरण; रानीगुम्फा (ओड़िसा) और साँची (मध्य प्रदेश) के 21-2200 बरस पहले निरूपित सूरजमुखी के फूल;

बिहार में सेनुवार और उत्तर प्रदेश में इमली डीह ख़ुर्द से दूसरी सहस्राब्दी की चौलाई, और नरहन (ज़िला गोरखपुर) से मिले तक़रीबन 3000 बरस प्राचीन भटकटैया के जले हुए बीज...

एक से बढ़कर एक नए-नए और पक्के प्रमाणों की बानगी चिली और पड़ोसी लातिनी देशों के नुमाइन्दों को कहीं भीतर तक छू गई। मुँह बाए ताकते ही रह गए।

इधर परदे पर 'थैंक्स' और 'फिर मिलेंगे' की इबारतें उभरीं, और उधर ज़ोरदार तालियों के साथ जब अपने राजदूत महोदय ने दोनों हाथ उठाकर 'थम्ब्स अप' किये तो लगा कि मेला लूट लिया। कॉन्फ्रेंस में भागीदार लोगों के प्रश्न और विचार, अनुवादक के माध्यम से स्पैनिश से अंग्रेज़ी में सुने तो सीना चौड़ा हो गया। लगे हाथ इस दिशा में इंडो-अमेरिकी संयुक्त शोध की अपील करके राजदूत महोदय की पहल को भी आगे बढ़ाया।

इसके बाद 'विश्व-धरोहर को भारतीय मन्दिर-वास्तु की अतुलनीय देन' पर दूसरी प्रस्तुति की अनुमति माँगी तो ध्वनि-मतों से हाथोंहाथ मिली। फिर क्या था मौक़ा मिलते ही, उत्तरी विन्ध्य से मिली तक़रीबन 17000 बरस पुरानी मातृ-देवी की पूजा के लिए बनाए गए चबूतरे से लेकर शुंग-कुषाण गुप्त युग के मन्दिरों के दर्शन कराते हुए, देवभूमि हिमालय के 'देवदारु वनम परम' में शोभित जागेश्वर होते हुए कश्मीर, भुवनेश्वर, महाबलेश्वर, बृहदीश्वर, खजुराहो के रास्ते, माईसान (वियतनाम), बगान (म्यांमार), अंगकोर वाट (कम्बोडिया), क़ाफ़िर कोट (पाकिस्तान) आदि के बारे में, गुनीजनों का लिखा जितना पढ़ पाया था, उड़ेल कर एक बार फिर से तालियाँ बटोरीं।

7

31 मई, 2012

मन और प्रान

आगे चले अकादमिक सत्र में मेक्सिको, चिली, मलेशिया, थाईलैंड, ब्राज़ील, ईराक आदि मुल्कों के प्रतिभागियों की प्रस्तुतियों के साथ डॉ. कविता कपूर एवं डॉ. भंडारी ने चंडीगढ़ के विरासती माहात्म्य का परिचय कराया। बहुत बरसों से पढ़ता रहा था, ग्वाटेमाला आदि दक्षिण अमेरिकी देशों तक फैली माया संस्कृति के बड़े-

बड़े पिरामिडों और पेरू की कराल घाटी में मिले चार-पाँच हज़ार बरस पुराने पुरावशेषों में शामिल कपड़ों वग़ैरह के बारे में। यहाँ उनकी चर्चा और स्लाइड्स में मेसोअमेरिका की कुछ बेहतरीन विरासतें देख ललचाया मन वहाँ भी घूम आने को लटपटाने लगा। और नहीं कुछ तो उनकी तसवीरें ही सहेज लीं, यह सोचकर कि कभी तो फूटेगा अपने भाग का छींका।

प्राकृतिक सौन्दर्य और नगर के निरालेपन से आँखें और दिल तो छक गए लेकिन पेट भरने के लिए हम घास-पात वालों को बड़ी कबाहट हुई। बहुत मुश्किल से छोटी गोल पाव-रोटी के साथ कद्दू का सूप सकेल कर काम चलाया। बाक़ी की भूख भाग गई बग़ल की कुर्सी पर सायास विराजीं कोलंबियन एम्बेसी की राजनयिक से अपने प्रेजेंटेशन की प्रशंसा और इस दिशा में और आगे बढ़ने की चर्चा से।

उधर हमारे राजदूत महोदय ने जब मणी जी से आताकामा/कलामा की बात चलाई तो मेरा सारा वजूद कानों में सिमट कर उधर ही सध गया। हिन्द से चलने से पहले ही आताकामा घूम आने का लासा राजदूत महोदय के ईमेल ने लगाया था। और जब इंटरनेट की महिमा से यह पता चला कि यह तो चिली के उत्तरी सिरे पर पसरा दुनिया का सबसे सूखा रेगिस्तान है, दूर-दूर के सैलानी यहाँ के ज्वालामुखी, मरुद्यान और 'पेट्रोग्लिफ़' की एक झलक पाने खिंचे चले आते हैं, तब से बावरा मन बस से बाहर हुआ जाता था। लेकिन आई.सी.सी.आर. ने वहाँ जाने का भार ढोने से मना कर दिया और अपने से घूम आने का ख़र्चा अपनी जेब से भारी लगा, ऐसे में राजदूत महोदय ही 'हारिल की लकड़ी' जैसे नज़र आने लगे। प्रसन्नता से चमचमाता उनका सुन्दर मुखड़ा उम्मीद बँधाता रहा।

मैंने मणी जी के कान में फूँका—"आज अपना बाज़ार भाव बढ़ा हुआ है, भुना लीजिए, आताकामा ट्रिप के लिए।" अपनी भुवन-मोहनी मुस्कान सजा कर वे राजदूत महोदय के कान में फुसफुसाए और उनकी सम्मोहनी काम आ गई। उसके बाद राजदूत महोदय और यूनिवर्सिटी के रेक्टर में कुछ बातचीत चली। मणी जी शान्त भाव से आशा के तार बुनते रहे। बात बनने का भरोसा जगा, जब रेक्टर महोदय ने हमारे विज़िटिंग कार्ड माँगे, अपने मोबाइल से उसके फ़ोटो खींचे, कहीं व्हाटसऐप से भेजे और हमें बताया कि सब इन्तज़ाम हो गया है। बात की बात में आताकामा मुट्ठी में आ गया। मगन मन अगले सत्र के लिए वापस लौटे।

अकादमिक-सत्र के समापन में प्रोफ़ेसर सच्चिदानन्द सहाय जब चिली के निकट के 'ईस्टर आईलैंड' (रूपा नुई 'स्पेशल टेरिटरीज' ऑफ़ चिली; Rapa Nui 'special territories' of Chile) के बड़े-बड़े प्रस्तर-खंडों पर निरूपित मानव-मुखों और कम्बोडिया के 'अंगकोर वाट' के देवालयों के शिखर पर निरूपित

भद्र-मुखों के तुलनात्मक सम्बन्धों पर बोलने मंच पर आए तो एक-दूसरे से बहुत-बहुत दूर, दुनिया के दो सिरों पर स्थित, इन विश्वविख्यात स्थलों के विश्व विरासत सूची में उकेरित होने के अलावा उनमें और क्या-क्या तुलनीय हो सकता है यह जानने के लिए हम आतुर हो चले। पहले वाले 300-1200 ई. के मध्य किसी समय गढ़े गए, जबकि अंगकोर के मन्दिर वाले 12वीं शताब्दी के पूर्वार्द्ध में।

प्रोफ़ेसर सहाय ने बांके अन्दाज़ में मंच पर आकर डॉक्टर गैब्रिएला को कंप्यूटर पर अपना प्रेजेंटेशन खोजने का हुकुम दिया। डॉक्टर गैब्रिएला कंप्यूटर में मुँह घुसा कर उसे तलाशने में लग गईं। ऑडिटोरियम में सुगबुगाहट सनमनाने लगी। इधर-उधर ताकते, पोडियम से हटते, फिर वहीं आते, सहाय साहब के सबर का बाँध ज़्यादा देर न टिक सका, और वे और इन्तज़ार किये बिना बेसाख्ता बोल पड़े—"प्रेजेंटेशन नहीं मिले तो भी काम चलेगा।"

फिर वे मंच के बीचोबीच आकर विषय की ओर घूमे—

"दोनों जगहों की मूर्तियों की तुलनीय समानता उनकी आँखों में आँखें डालकर देखिए, सारा योग मन और प्रान से होता है।"

इतना कहने के बाद ललकारते हुए सवाल किया—

"और, मन और प्रान क्या होता है?"

सवाल करके वे सबकी ओर देखने लगे, लेकिन किसी भी कोने से कोई जवाब नहीं आया तो कुछ पल के मौन के बाद बात आगे बढ़ाते हुए बड़े मनोयोग से समझाने लगे—

"जब तक आँखों में प्रान न पड़ें वे निष्प्रान होती हैं...।"

इस काबिले सलामी व्याख्या पर हम हैरानी के साथ अभिभूत हो उठे।

इसी अन्दाज़ में चले उनके लम्बे उद्‌बोधन के पूरा होने पर आख़िर में ज़ोरदार तालियों का ये असर रहा कि, राजदूत महोदय सहित, हम सबने प्रोफ़ेसर सहाय से इस उपलक्ष्य में स्पेशल 'ट्रीट' की ज़ोरदार डिमांड उठाई लेकिन उनके गम्भीर मुख-मंडल पर तनिक सी जुम्बिश तक नहीं आई। हमें अनदेखा करते हुए वे विदेशी प्रतिनिधियों के समूह में धंस कर खो गए।

कहाँ तो दक्षिण अमेरिका में चिली के पूरब में एक छोटे से ईस्टर समुद्री द्वीप पर 'रूपा नोई' लोगों द्वारा गढ़े गए मानव-मुख और कहाँ उससे दो दिन से भी ज़्यादा के हवाई-फ़ासले पर दक्षिण-पूर्व एशिया में स्थित कम्बोडिया के भारतीय परम्परा में निर्मित प्रस्तर-मन्दिरों के भद्र-मुख, कम से कम अपनी समझ में इनकी समानता का ओर-छोर समाया नहीं। अलबत्ता, इस मसले से परे अपनी बहुचड़िया तरंग लगे हाथ ईस्टर द्वीप का भी एक चक्कर मार आने को ललकने लगी।

8

31 मई, 2012

आ जा नच ले...

मन और प्रान से मुक्ति पाने के बाद, मेजबानों की मार्फ़त आयोजित नृत्य-गान के कार्यक्रमों में छलछलाते संगीत-रस से चोला चैतन्य होने लगा।

जैसे ही मंच पर दो-दो चिलियन युवक-युवतियों के दो जोड़ों ने, एक ख़ास लय-ताल पर तालियाँ और खंझड़ी और दूसरे वाद्य बजाते हुए, गाने का आगाज़ किया उनका साथ दे रहे सभागार में मौजूद तक़रीबन सारे श्रोताओं की ताली की तड़-तड़ से पूरा माहौल गूँज उठा। गायन के बोल समझ में तो नहीं आए लेकिन बोल बड़े मनभावने और जाने-जाने से लगे। फिर, दोनों जोड़ों ने अलग-अलग ताली बजा-बजाकर और हाथ से सफ़ेद रूमाल लहरा-लहराकर नृत्य करते हुए जो भाव-भंगिमाएँ दर्शायीं उनमें चिड़ियों के क़दम रखने की मुद्राएँ झलकती रहीं। युवक गोल टोपा, जींस-शर्ट पहने, लम्बी नोक और एड़ी पर फुल्ली वाला जूता पटक-पटककर, और युवती मुस्कुराकर प्रेम के भाव का इज़हार करती रही, और आख़िर में एक-दूजे की बाँहों में बाँहें डाल, झूल-झूलकर, झुकते हुए विदा हो गए।

डॉक्टर गैब्रिएला से पूछने पर पता चला यह चिली का 'क्वेका' (cueca) नामक राष्ट्रीय नृत्य है। आगे उन्होंने इस तरह बयान किया—

> 'इस प्रणय-निवेदन नृत्य में पक्षियों और पशुओं के रूप की कल्पना करके उन्हीं भावों में नृत्य किया जाता है। जिसमें एक मुर्गे और मुर्गी के प्रणय-निवेदन नृत्य को अभिनीत करने का अनुष्ठान किया जाता है। इस नृत्य में युवक अपनी प्रिया से प्रणय निवेदन करते समय बहुत उत्साही और कभी-कभी मुर्गे की तरह उछलकर तो कभी-कभी आक्रामक रवैया दर्शाता है। लेकिन अन्त में धरती पर एक घुटना टिकाकर अनुनयपूर्ण प्रणय निवेदन स्वीकार कर लेने की मनुहार करता है, और प्रिया प्रसन्नता पूरक विजयपूर्ण मुस्कान बिखेरती हुई, उसके घुटने पर अपना पैर धर कर सहमति प्रदान करती है।'

दूसरे कार्यक्रम में एक अल्प-वय लड़की ने भारतीय परिधान में बॉलीवुड के लोकप्रिय सिनेमा—'आ जा नाच ले' में प्रदर्शित माधुरी दीक्षित के लाजवाब नृत्य की तर्ज पर हूबहू नाच कर सचमुच हमारा दिल जीत लिया...

आ जा नच ले, नच ले, मेरे यार तू नच ले,
झनक झनक झनकार
अब तो 'लुटा है बाज़ार'

चिली का क्वेका (cueca) राष्ट्रीय नृत्य (फ़ोटो साभार : Dreamstime.com)

हम यह सोचकर प्रसन्न होते रहे कि इतनी दूर रह रहे भारतीय भी अपनी संस्कृति से गहरे जुड़े हैं। लेकिन जब यह बताया गया कि यह नृत्य करने वाली लड़की तो पेरुवियन मूल की वहीं की नागरिक है तब तो अवाक् ही रह गए। मणी जी द्वारा समेटे गए दोनों कार्यक्रमों के वीडिओ यहाँ ऐड नहीं कर पाने की मजबूरी है, वरना आप भी उनका जीवन्त आनन्द पा कर उन्हें यक़ीनन सराहते।

कार्यक्रम का समापन होने के बाद, एक बार फिर चले चायपान के दौर में परोसे गए समोसों से घास-पात वाले तिवारी जी को बड़ी राहत मिली। वहीं मिले—चिली में ही बसेरा बसा चुके, ऋषिकेश से आयुर्वेद पढ़कर आए, चिली में वैदिकी करने वाले कृष्णभक्त सज्जन। उन्होंने अगले दिन घर आकर प्रसाद पाने पर ज़ोर डाला और पत्नी सहित तसवीरें खिंचवाईं। डी.वी. सिंह साहब ने अपनी सफारत के मेहता जी व अन्य लोगों तथा सान्तिआगो निवासी कुछ भारतीय प्रवासियों से मिलवाया।

सबसे संवेदना भरी मुलाक़ात, सबसे आख़िर में चलते-चलते, अपनी तर्जुमाकार से हुई। जैसे ही सीढ़ियों की ओर बढ़े, देर से आसपास मंडरा रहीं लपककर मेरे क़रीब आ गईं, और जब उन्होंने आँखों और बोलों में ढेरों मिठास घोलकर मेरी प्रस्तुति की तारीफ़ की, और मैंने मुस्कुराकर उनका शुक्रिया अदा किया, तब तो वे और ज़्यादा भाव-विह्वल हो गईं—''डॉक्टर तिवारी! आई ऐम सीरियसली सेइंग, रियली टच्ड बाई योर प्रेज़ेंटेशन।'' उनकी नरम हो चली चमकदार मासूम आँखों ने उनकी सचाई की गवाही दी।

सोचता रहा ऐसा भी क्या कह गया जो उन्हें इतनी गहराई तक छू गया—पूरे खिले चाँद की रुपहली चाँदनी तले मन्दिर देखने का आमंत्रण? या फिर, कोलम्बस के पहले ही भारत-अमेरिका सम्बन्धों के साक्ष्य? तफ़सील से बात करने का वक़्त ही नहीं बचा। कसक रह गई कि उस वक़्त उनकी एक तसवीर उतारने का ध्यान क्यों नहीं आया। भूले से कभी उनका ई-मेल आ गया तो यादगार रखने को उनसे मँगा लूँगा।

कॉन्फ्रेंसिया में जुटे तमाम देशों के महामहिम राजनयिकों और महिमा-मंडित मेहमानों के साथ भारत के राजदूत महोदय ने एक हिन्दुस्तानी रेस्टोरेंट—'रेस्टोरेंट ज्वेल ऑफ़ इंडिया : एड्रेस : एवेन्यू मैनुअल मॉन्ट, 1007, प्रॉविडेंसिआ' (Restaurant Jewell of India, Address : Av. Manuel Montt 1007, Providencia), में हमें रात के डिनर के लिए न्योता दिया लेकिन तब तक दवा-दारू के बिना इतना पस्त हो चुका था कि अपने होटल की राह धर ली, इसलिए वहाँ का हवाल आपको डॉ. मणी से मिलकर सुनना होगा।

9

31 मई, 2012

अविश्वसनीय

हाँ तो दोस्तो! उस रात के जश्न का हाल आप मणी जी से सुनें या नहीं, आप की मर्ज़ी!

बहरहाल मेरे यह विवरण लिखने के अन्तराल में 'ईस्टर आईलैंड' के मानव-मुखों के बारे में मिशेल मोर (Michael More) ने एक बहुत ही महत्त्वपूर्ण टटका जानकारी फेसबुक पर टाँक दी है। जब तक आगे का हवाल बताऊँ तब तक इससे ज़रूर रूबरू हो लीजिए।

ईस्टर द्वीप की धड़-युक्त प्रस्तर प्रतिमाएँ
(फ़ोटो साभार : मिशेल मोर)

'यह पूरी तरह अविश्वसनीय है। पिछले बहुत से वर्षों से हम सोचते रहे कि सतह के ऊपर दिख रहे ये केवल प्रस्तर निर्मित मानव-मुख ही हैं। लेकिन इनके आसपास की मिट्टी

खोदकर इन्हें पूरी तरह निकालने पर पता चल रहा है कि ये तो सशरीर महाकाय रूप में गढ़े गए हैं। इससे इनके विषय में सर्वथा नए रहस्य उजागर हुए हैं और हो सकता है भविष्य में इनसे सम्बन्धित और भी नयी जानकारियाँ मिलें।'

साथ के फ़ोटो पर उन्होंने लिखा : The Stone Statues in Easter Island have bodies! (ईस्टर द्वीप की प्रस्तर प्रतिमाएँ धड़-युक्त हैं!)

10

1 जून, 2012

चिली के गोवा वालपराइसो (Valparaiso) की राह

क्या ख़ूब कहा गया है—'जो होता है, अच्छा ही होता है।' सान्तिआगो-एयरपोर्ट पर घंटों भटकने का फल भी हमें भला ही मिला। उसकी वजह से बहुत-बहुत शर्मिन्दा प्रोफ़ेसर लूसिया (Prof. Lucia Castellon), कॉन्फ्रेंसिया की शुरुआत से ही पानी-पानी होती रहीं, चाय पर, लंच के समय और जब भी मौक़ा मिला बार-बार, मुँह लटकाकर यह बताने से नहीं चूकीं कि कल सुबह शार्प 8.30 बजे एक बस हमारे होटल पर लग जाएगी। वहाँ से वे भी हमारे साथ वालपराइसो चलेंगी और रास्ते में हमसे बातें भी करेंगी।

दूसरे दिन, यानी 1 जून, 2012 की सुबह मुक़र्रर वक़्त पर तो नहीं लेकिन थोड़े से इंडियन टाइम पर अपना वाहन प्रोफ़ेसर लूसिया और डाक्टर गैब्रिएला सहित मौक़े पर आ लगा। तब तक मणी जी सड़क पर घूमते आवारा कुकुरन की फ़ोटो उतारते, और उन्हें देखकर अपने देश की याद करते रहे। भोले गदबदहे ये प्यारे प्राणी उन्हें कुछ ऐसा भाए कि बस चलता तो दो-चार साथ लिए आते।

सत्संग का भरपूर लाभ ले लेने की गरज से प्रोफ़ेसर लूसिया से सान्तिआगो शहर की जानकारी जानने की रिक्वेस्ट की तो वे अपनी सीट से उठकर मेरे बाजू वाली सीट पर आ गईं और पूरी संजीदगी से बताने लगीं—

> 'प्रोफ़ेसर तिवारी! इस शहर का सान्तिआगो नाम स्पैनिश भाषा से निकला है। पुर्तगाली और दूसरी भाषाओं के असर से इसे सान इआगो, सान-तिआगो, सांत आगो, सान ठिआगो नाम से भी पुकारा जाता है। साथ ही

इस शहर का नाम बाइबिल में वर्णित सेंट जेम्स के नाम के बनते-बिगड़ते उच्चारण का सफ़र तय करके सान्तिआगो या सैंटियागो पड़ा। समन्दर से औसतन 2000 फीट ऊँची पहाड़ियों पर बसा न केवल चिली, वरन पूरे दक्षिण अमेरिका के सबसे बड़े और सबसे ज़्यादा आबादी वाले इस शहर का डाउन टाउन देखने लायक़ है, समय मिले तो वहाँ का एक चक्कर लगा लेना बेहतर होगा। इस शहर में चलते हुए कहीं से भी एंडीज़ पर्वत माला के नज़ारे लिए जा सकते हैं...।'

तब तक वालपराइसो जा रहे कुछ स्थानीय प्रतिनिधियों को बिठाने के लिए हमारा वाहन सड़क के एक किनारे रुका। प्रोफ़ेसर लूसिया की बातों का सिलसिला कुछ देर के लिए टूटा। इस बीच बस में चढ़े प्रतिनिधि आपसी दुआ-सलाम के बाद अपनी-अपनी जगह बनाकर आपस में बतियाने में मगन हो गए। साफ़-सुथरी चमाचम डीलक्स बस से आगे के लिए रवाना हुए। प्रोफ़ेसर लूसिया ने छूटी हुई बातों का सिरा उठा लिया—

'माना जाता है कि आज से दस हज़ार बरस पहले यहाँ के तटीय इलाक़े में वन्य जीवों के आखेट और फल-फूल अनाज जुटाने वाले नोमैडिक हण्टर-गैदेरर (घूमन्तू आखेटक-संग्रहक) मानव समूह रहते रहे। गर्मियों में बर्फ़ पिघलती तो ललछौहें भूरे-सफ़ेद रंग के लम्बी गरदन वाले हिरन से मिलते-जुलते, भेड़ों जैसी मोटी ऊन से लदे, पशुओं (जंगली लामा गुआनको) की तलाश में पहाड़ों के भीतर तक चले आते। आठ सौ बरस ही बीते, जब मापोचो नदी के किनारे एक जगह टिककर मक्का, आलू और मटर की खेती करने और 'लामा' की एक उप-प्रजाति के पशु को पालने वाले आ बसे...।'

शहर से बाहर निकलने पर सामने और अगल-बग़ल से उभर के नए-नए नज़ारों में भटकती हमारी नज़रों को ताड़ कर प्रोफ़ेसर लूसिया ने आगे का बयान जहाँ का तहाँ छोड़ दिया।

रास्ता ख़ूबसूरत पहाड़ियों और वादियों के बीच से होकर गुज़रने लगा। सलीक़े से बनी सड़क पर उतने ही सलीक़े से लगे साइनेज, बीच-बीच में अँधेरी लेकिन बिजली के लट्टुओं की रोशनी से जगमग सुरंगों से होकर गुज़रते रहे।

प्रोफ़ेसर लूसिया और डाक्टर गैब्रिएला आगे-आगे बताती चलीं। वालपराइसो, समन्दर के किनारे, सान्तिआगो से तक़रीबन एक सौ पच्चीस किलोमीटर उत्तर-पश्चिम में बसा पोर्ट सिटी है। जैसा हिन्द में गोवा, एक ओर पहाड़ियाँ दूसरी ओर लहर मारता नीला जल ही जल।

'यह देखिये ये चिलियन पाम है।' अगल-बग़ल की अपेक्षाकृत कम ऊँची-नीची वादियों में दूर तक अँगूर की खेती। बताया गया—'फ्रांस के बाद दुनिया में सबसे ज़्यादा 'वाइन' बनाने-चखने-पिलाने वाला मुल्क चिली ही है।'

छोटे लेकिन ख़ूबसूरत गाँव मिलते गए। चीड़ के वन देखते ही ज़ेहन में उत्तराँचल तैर गया। वहाँ की तरह कहीं यहाँ भी ये दरख़्त गौरांगों की मार्फ़त तो नहीं पहुँच गए? पता चला हमारा अन्दाज़ा बिलकुल सटीक है।

नए-नए नज़ारे निहारते वालपराइसो का रंग-बिरंगा शहर आ गया। ऐसे निराले नगर का अक्स हमारे लिए एकदम नया और मोहक, आँखें फाड़े देखते रह गए।

11

1 जून, 2012

दिल की धड़कन

माथा चकरा गया यह सुनकर कि आज का अकादमिक-सत्र यहाँ की म्यूनिस्पैलिटी में होगा। भला यह भी कोई जगह है ऐसे आयोजनों के लिए। भीड़भाड़, चिल्ल-पों, फ़ाइलों का कबाड़, पान मसाले की पन्नियाँ। बस से उतरकर बुझे मन से सड़क पार कर एक इमारत के सामने जमा हुए। फिर धीरे-धीरे सब लोग उसके अन्दर जाने लगे, हम भी साथ लग लिए।

सफ़ेद चिकनी संगमर्मरी पत्थर की चमचमाती फ़र्श वाली साफ़-सुथरी लॉबी से होकर उतनी ही बेहतरीन सीढ़ियों से पहली मंज़िल पर पहुँचे। लॉबी के ऊपर का हिस्सा ऊपर तक खुला हुआ। चारों ओर आने-जाने का खुला रास्ता। थोड़े लोग, शालीनता से टहलते आते-जाते। पता चला यही है यहाँ की म्यूनिस्पैलिटी, हमारे ख़यालों की ठीक उलट।

आज के सत्र कि शुरुआत सुबह 9.00 बजे तय थी लेकिन सब लोग ख़ास मेहमानों और महामहिमों को जोह रहे थे। उनकी कारों का काफ़िला रास्ते में होने की ख़बर मिली। सिंह साहब हमारे आताकामा-ट्रिप के इन्तज़ाम में हैरान, कान से मोबाइल सटाए स्पैनिश में भिड़े रहे। सफारत के हमारे एक हमदर्द अलग ही वजह से हलकान हुए जाते—कि हम उतनी दूर, उस उजाड़, वीराने, रूखे-सूखे रेगिस्तान में जा कर, इतना-इतना ख़र्चा करके, आख़िर वहाँ देखेंगे और करेंगे क्या? कपूर

साहब भी जाने क्यों हर आने वाले को वहीं भेजने पर तुले रहते हैं? मन ही मन हँसते, उन्हें उनके हाल पर छोड़कर हम इमारत का जायजा लेने लगे।

एक ओर खुली गैलरी में ख़ामोशी से पेंटिंग्स की प्रदर्शनी देखते कुछ लोग, एक सिरे की खिड़कियों और दरवाज़ों में लगे ख़ूबसूरत स्टेन-ग्लास पर फूल-पत्तियों-वल्लरियों के बीच सुन्दर तरुण मानव-मुख की ख़ूबसूरत चित्रकारी और खिड़की के उस पार दीखते रंगीन मकान, पहाड़ी ढलान पर नीचे से ऊपर तक हर मकान अपने-अपने अन्दाज़ में अलहदा रंगों में रंगा, बड़ा ही दिलकश नज़ारा। सभागार छोटा लेकिन सलीक़े से सजा। एक ओर एलईडी स्क्रीन, दूसरे सिरे के कोने में तर्जुमाकारों का क्यूबिकल। यह भी पता चला की यहाँ की म्यूनिस्पैलिटी 1824 में बनी, इमारत कब बनी बिसर रहा है।

सीढ़ियों के ऊपरी छोर के तक़रीबन तीन फिट ऊँचे खम्भों के ऊपरी समतल संग-ए-मरमरी पटल पर खरोंचे गए दिल के आर-पार धंसे तीर और नामों ने बताया कि—यहाँ के युवाओं के भीतर भी अपने प्यार की सनद अगले ज़माने तक क़ायम रखने की ख्वाहिश, उतनी ही गहरी है जितनी दुनिया के दूसरे मुल्कों और हमारे वतन के, पुरानी इमारतों की सैर पर निकलने वाले रूमानियों के दिल में धड़कती है। कम-से-कम इस मुआमले में तो सारी दुनिया हमख़याल रखती ही है।

12

1 जून, 2012

पंच वीर

'लहुरा वीर', 'दाऊ वीर', 'चचा वीर', 'प्रदुमन वीर' और 'नगर वीर'—ये 'पंच वीर', दूसरे दिन के वालपराइसो में चले अकादमिक सत्र पर छाए रहे।

अब तक लिबास बदलकर, लाल चोला धारण करके, बिलकुल नए रूप में कमेटी-रूम में दाख़िल हुई प्रोफ़ेसर लूसिया ने हम सबको अचरज में डाल दिया। 'नगर वीर' से पहले वे आयोजकों की ओर से स्वागत भाषण के रस्म निभाती रहीं। उनके बाद अन्य स्पीकर एक-एक कर, बड़े ही जोश-खरोश के साथ 'स्पैनिश' में बोले। लेकिन तर्जुमे के बावजूद हमारे पल्ले कुछ ज़्यादा नहीं पड़ा।

'दाऊ वीर' के आने तक, 'नगर वीर'—वालपराइसो के मेयर, सर जॉर्ज कास्त्रो मुनोज़ (Sr. Jorge Castro Munoz) ने बड़ा ही भावभीना उद्बोधन किया। सभी अभ्यागतों और प्रतिनिधियों का स्वागत करते हुए हार्दिक अभिनन्दन किया, और अकादमिक-सत्र की सफलता और इस दिशा में, इस नायाब पहल के आगे भी चलते रहने की कामना की।

'दाऊ वीर' (महामहिम श्री कपूर) के आने तक सभागार खचाखच भर गया। यूनिवर्सिटी के स्टुडेंट, प्रोफ़ेसर और नागरिक बड़े उत्साह से आ जमे। कपूर साहब अपने साथ हमारे लिए भी ख़ुशियों की सौगात लेकर आए। मतलब अपने साथ 'आताकामा' के एयर टिकट और दूसरे इन्तेज़ामात का ब्योरा भी लाए। मतलब हम उत्साह से लबलबा उठे। कपूर साहब के प्रति आभार से भर कर जयकरा लगाया— 'बोल बल दाऊ जी की जय।'

'दाऊ वीर' ने पूरे आयोजन की रूपरेखा फिर से रखी, भारत के प्रयास से इस अभिनव अकादमिक पहल पर प्रकाश डालते हुए आगे बढ़ने पर बल दिया। इस सन्दर्भ में 'यूनिवर्सिदाद-द-मायोर' और 'म्यूनिस्पलिदाद-द-वालपराइसो' (Universidad de Mayor; Municipalidad de Valparaiso) तथा विशेष रूप से 'चचा वीर' (प्रोफ़ेसर सच्चिदानन्द सहाय) के योगदान का भरपूर ज़िक्र करते और आभार व्यक्त करते हुए, सुनने वालों की ओर से बार-बार तड़तड़ाती तालियाँ बटोर कर गदगदायमान होते रहे।

'लहुरा वीर' (डाक्टर मणी), आज की कॉन्फ्रेंसिया के दूल्हे (विशेष वक्ता), ने गोवा और वालपराइसो की समानताओं के साथ विषमताओं को भी रेखांकित किया। दोनों समन्दर के किनारे बसे हैं, दोनों सोलहवीं शती में यूरोप से आए आव्रजकों द्वारा बसाए गए समुद्री-पत्तन और अपनी-अपनी तरह से रंगीले शहर। वालपराइसो के कुछ इलाक़े और गोवा के चर्च विश्व धरोहर सूची में अभिलिखित हैं। गोवा के चर्च, वहाँ क्रिस्तानों के क़दम रखने के ज़माने से ही बनने लगे और आज तक कमोबेश जस के तस हैं, जबकि यहाँ बहुत तब्दीलियों के बाद ज़्यादातर 19वीं शती की बानगी दिखती है। यूरोप से आने वालों से पहले यह इलाक़ा इनके साम्राज्य का हिस्सा रहा। सह्याद्री की छाया में बसे गोवा की कहानी कड़ी और सपाट चट्टानों को काट कर बनाई गई सदियों पुरानी गुहाओं तक ले जाती है।

'चचा वीर' जब बोलने आए तो अत्यन्त गम्भीर मुद्रा में नज़र आए। एकदम टेढ़े, किसी की ओर देखा तक नही। तवारीखी और दूसरी विरासतों को बचाने के लिए जो डिक्लेरेशन वे पढ़ने जा रहे थे उसे ख़ुद ही हम सबको पहले ही बाँट चुके थे। उनके डायस पर आते ही सन्नाटा छा गया। वो एक दो सतर पढ़कर, कुछ देर के लिए ठहर जाते, कुछ देर शून्य में और कुछ देर तिरछी निगाह से श्रोताओं की ओर देखते रहते, तब तक प्रायोजित कार्यक्रम की तरह एक कोने से तालियाँ

उठतीं, फिर सारे लोग उस कोरस में शामिल हो जाते, सभागार देर तक तालियों की आवाज़ से गूंजता रहता, चचा सधे वक्ता की तरह होंठों के कोने से मुस्कुराते रहते। फिर, अगली सतर पढ़ते, फिर वैसा ही दृश्य उभरता।

आख़िर में जब उन्होंने हाज़रीनों से डिक्लेरेशन पर सपोर्ट की अपील की तो उसके पास होने में कसर ही क्या बची थी? एक बार फिर ज़ोरदार तालियों के साथ वह ऐतिहासिक दस्तावेज़ ध्वनिमत से पारित हो गया। जब तक तालियों का कोरस चला, 'चचा वीर' डायस पर जमे मुस्कुराते रहे। फिर, हमारे बीच से कुछ इस तरह निकलते चले गए जैसे कोई पहलवान दंगल जीत कर अखाड़े से बाहर आया हो, फिर अपनी कुर्सी पर ऐसी मुद्रा में आ जमे कि किसी से निगाहें ना मिलने पाएँ। चेहरे पर परम सन्तुष्टि, आनन्द और अन्दाज़-ए-नाज़ छलछलाए पड़ते।

'प्रदुमन वीर' (प्रोफ़ेसर सर्जिओ कर्रसको; Sr. Sergio Carrasco) से 'दाऊ वीर' के निवास पर मुलाक़ात के समय यह अन्दाज़ नहीं लग पाया था कि वे कितने रसिकमना हैं, और यह भी नहीं कि हिन्दुस्तान में रहकर भारतीय मठों पर शोधरत रहते हुए न केवल पी.एचडी की डिग्री हासिल की है, वरन भारतीय संस्कृति की प्राचीन-अर्वाचीन चाशनी में पूरी तरह पग कर आए हैं। इसका पता तो तब चला जब वे बोलने के लिए डायस पर आए और हिन्दुस्तान की याद में भीग कर भाव विभोर होकर बोलने लगे। बोलते-बोलते कभी हँसते, कभी आहें भरते, कभी-कभी लगता अब रो पड़ेंगे। सुनने वाले, उनके साथ-साथ भावों के झूले पर झूलते, कभी हँसी से दोहरे हुए जाते, कभी-कभी दिल थाम कर सुनते। उन्होंने पूरी शिद्दत से समझाया—'यहाँ किसी ख़ूबसूरत युवती का वक्ष ज़रा सा झलक भर जाए तो आप आँखें फाड़कर देखेंगे, और वहाँ भारत में अपने काम-काज में मगन औरतों के लिए यह सब बड़ा सहज-स्वाभाविक और देखने वालों के लिए प्राकृतिक सौन्दर्य सा है...असली मानवता तो हिन्द में पलती है, वहाँ की विरासत थिर नहीं जीवन्त है, प्राणवान है। वहाँ दुनिया की 1/5 फ़ीसदी मानवता पलती है। जहाँ लोग यूरोप में कूकुर-बिलार पालने में लगे रहते हैं वहीं भारत का लोग आदमी का पूत पोसता है। जाकर देखो वहाँ, वहाँ है हमारी असली विरासत...।'

मथुरा में पंच वृष्णि-वीरों—वासुदेव, संकर्षण, अनिरुद्ध, प्रद्युम्न और साम्ब—की अभ्यर्थना का पुराना इतिहास रहा है। इनमें सबसे दुलारे वीर, उम्र में सबसे छोटे (लहुरे), साम्ब की पूजा 'लहुरा वीर' के नाम से बहुत प्रचलित हुई। उसी परम्परा में बनारस में भी उनका अर्चन होने के अतिरिक्त एक मोहल्ले का नाम भी 'लहुरा वीर' पड़ा। वालपराइसो के अकादमिक सत्र के सन्दर्भ में उल्लिखित 'पंच वीरों' में शामिल डाक्टर मणी उस दिन के वक्ताओं में सबसे अल्पायु होने के अलावा बनारस से ही आते हैं, इसीलिए उनका नाम धराया 'लहुरा वीर'।

13

1 जून, 2012

बढ़ती जजमानी

'प्रदुमन वीर' अपनी रौ में भाव-विभोर बहते रहे—'हिन्दुस्तानी बड़े क्रिएटिव (रचनात्मक) और इन्नोवेटिव (अभिनव) होते हैं। नए रास्ते चलते, नई डगर बनाते, नए प्रयोग करते हैं। सब अपने मन से चलते हैं, अपने निराले अन्दाज़ में...।'

'हिन्दुस्तानियों की रचनात्मकता और नया-नया करते रहने की इतनी चर्चा मुझे सान्तिआगो से कैम्ब्रिज उड़ा ले गई। कुछ दिन वहाँ गुज़ार लेने के बाद, एक दिन नए-नए बने एक स्कॉटिश दोस्त ने, जो कभी इंडिया नहीं गया था, मुझसे सहज स्वाभाविक सवाल किया—"तुम्हें यहाँ सबसे अच्छा क्या लगा?"

'मैंने चट देने वाला जवाब दिया—"ग़ज़ब का अनुशासन और एकरूपता। मकान एक सा, सड़कें सलीक़े से बनीं, किनारे पर लकड़ी की फेंसिंग, एक ही क़द पर क़रीने से कटी हेज़, दूर तक एक से खेत, ट्रैफ़िक नियंत्रित, लोग बोलें हौले से, चलें तो तहजीब झलके, सब कुछ साँचे में ढला...वाह क्या बात है!"

'यह सुनकर उसने अगला सवाल किया—"और यहाँ ख़राब क्या लगा?"

'मैंने कहा—"जो सबसे अच्छा है वही सबसे ख़राब भी।"

'उसका मुँह खुला रह गया और आगे सुनने को उतावला सा दिखा। मैंने बात आगे बढ़ाई—"सब कुछ ज़्यादा ही अनुशासित, पेड़-पौधे, आदमी-औरत, बोली-ठिठोली, मकान, और यहाँ तक की बाग-बगीचों की बाड़ और खेत भी, सबके सब मानो वर्दी पहने क़वायद करते से लगते हैं। कुछ देर बाद सब बनावटी और बँधा-बँधा सा लगने लगता है। कोई विविधता, कोई इनोवेशन नहीं।"

'उसने हैरानी से पूछा—"और भारत में आपको क्या अच्छा लगता है?"

'मैं खुल पड़ा—"क्या कहने सर जी! परम उन्मुक्त, जैसे चाहो रहो, जहाँ चाहो बैठो या पहुर रहौ, ज़ोर से ब्वालौ या धीमे, जैसन चाहौ मकान उठाओ, जौने रंग रँगै चाहौ रंगौ, ना चाहौ तो ना रंगौ, सड़कन पर जैसे मन करै चलौ, सब चलता है।"

'अगला सवाल आया—"और वहाँ क्या बुरा लगता है?"

'जवाब तुरन्त हाज़िर—"वही जो सबसे अच्छा है। अति की ऐसी स्वच्छन्दता

कि कोई, कैसी भी मर्यादा नहीं मानता। नदी, नाला, तालाब जहाँ पाया आशियाना खड़ा कर लिया, जहाँ पाया कूड़ा फेंका, जिसे जो पाया कह दिया, लाज ना लिहाज, सब निर्द्वन्द्व, अनुशासन का 'अ' भी नहीं।'' '

ज़ोरदार तालियाँ पटपटाईं तो तन्द्रा टूटी।

देखा कि 'प्रदुमन वीर' वक्तव्य पूरा होने के बाद धीरे-धीरे थमती तालियों की ताल के बीच डायस से आकर श्रोताओं की क़तार की ओर आ रहे हैं। साथ ही सत्र समापन की घोषणा हो रही है।

इसके बाद हम लोगों को पास ही के नेवी क्लब का रास्ता दिखाया गया। लंच का इन्तज़ाम यहीं था। इमारत छोटी सी लेकिन साफ़-सुथरी, फ़ौजियों की देखरेख साफ़ झलकती रही। दीवारों पर सोहते शानदार चित्र और 'चिलियन नेवी' का शानदार 'लोगो'।

फ़ौजी तहजीब और प्रोटोकोल के मुताबिक़ मेज़बानी। मेहमान अपने-अपने गुट में गोल मेजों के गोलदारे में गोलियाय गए। अभी हम बैठ ही रहे थे कि कोलम्बियाई राजनयिक, कल की बात आगे बढ़ाने की गरज से, मेरे बग़ल में विराज गईं। गुफ़्तुगू का मसला बना भारत और लैटिन अमेरिका के बीच ऐसे ही दोस्ताना बढ़ाने वाले और ज़्यादा आयोजनों की दरकार और संभावनाएँ। इस तरह कपूर साहब की मेहनत परवान चढ़ने लगी।

फिर, मोहतरमा बताने लगीं कि मेरा चेहरा उनके एक हिन्दी दोस्त के चेहरे से मिलता-जुलता है, फिर मुस्कुराते हुए बात आगे बढ़ाई कि 'उसकी बीबी स्वीडिश है, उसने दो-दो शादियाँ की हैं।'... 'लहुरा वीर' यहाँ भी अपनी जगजानी मुराही भरी मुस्कान के साथ चुटकी लेने से नहीं चूके—'अच्छा तो बड़े भाई! आप की भी जजमानी बढ़ती जा रही है!'

14

1 जून, 2012
हेरिटेज वाक

सामने पहाड़ी पर सबसे ऊपर झोंपड़ीनुमा तिकोनी नीली छत वाला पीला मकान। उसके नीचे ढलान पर कुछ बेतरतीब घने हरे गाछ। सबसे नीचे मकानों की क़तार, कुछ कारें, छोटा सा तिकोनिया पार्क, फूल-पौधों से सजा, इत्मीनान से चहलक़दमी

करते लोग, बातों में मशगूल युवा, छितरे बैठे लोग, टाइल वाली सड़क। शहर की सैर कराती रंगी-चुनी बसें। लैम्प-पोस्ट पर विराजमान इक्का-दुक्का सिलेटी कपोत, सामने की दीवार पर लगे रोशनदानों को समाहित करती गले में पट्टे डाले, बड़े-बड़े डैने और पंजों वाले मगरमच्छ जैसे अजीबोग़रीब विशालकाय जानवर की रंगीन ग्राफ़िटी। सैलानियों, बच्चों और युवा जोड़ों के इत्मीनान से बैठने के लिए सीढ़ीदार बैठकी का इन्तज़ाम।

लंच के बाद, सड़क के एक किनारे जुटी 'हेरिटेज वॉक' की चाहत रखने वाले प्रतिभागियों की टोली के बीच ऐनक चढ़ाए एक दुबला-पतला लड़का चहकता दिखा। खीस निपोरे, गर्दन ऐंठे, बड़ी अदा से सबको बता रहा था—'आई एम योर गाइड',—'आई एम योर गाइड' (मैं आप का गाइड हूँ, मैं आप का गाइड हूँ)। आसपास जुटे लड़के-लड़कियों के बीच जाने क्या-क्या बोलता ही चला जाता। थोड़ी देर यूँ ही चलता रहा फिर सब के सब उसके पीछे टिंघुर चले। डॉ. भंडारी और राजस्थान से आए पुरोहित जी भी हमारे साथ थे। जहाँ कहीं आगे वाले रुकते, गाइड भी थम जाता, उसकी खीसनिपोरी कहानी के बाद रेला फिर चल पड़ता। इसी तरह रुकते-चलते, गाइड की मार्फ़त कम, अपनी निगाहों से ज़्यादा देखते। बीच-बीच में इमारतों की दीवारों पर जहाँ-तहाँ चित्रकारी के रोचक नमूने दिख जाते। जो छवि भा जाती, चट कैमरों में क़ैद करने के लिए ठहर जाते।

चलते-रुकते सारा रेला पीले मकान की छाया में पहुँचकर सामने की एक पुरानी दुकान में धंस लिया। उसकी अन्दरूनी दीवारों पर 'वालपराइसो पत्तन' की पुरानी तसवीरें देखने लायक़ लगीं, दुकान में कुछ पुराने जो सामान बिकने की राह तक रहे थे, उनमें शामिल दिखा एक पुराना टाइपराइटर भी। कुछ ही देर में दुकान से अघा कर सब लोग उसके सामने सड़क के किनारे तनी गोल हरी छतरियों के नीचे पड़ी कुर्सियों पर जहाँ-तहाँ गोल जमा कर चाय-कॉफ़ी-बरगर का मज़ा लेते बतियाने लगे।

साथ चल रहीं 'मायोर यूनिवर्सिटी' की एक मोहतरमा सामने के सूने दयार पर नज़र गड़ाए समझाने लगीं—"सभी सी-पोर्ट्स की तरह यहाँ की रौनक भी शाम को उतरती है। सारी इमारतें और इलाक़ा रोशनी से जगमग करता है। दूर देश से आए जलयानों के नाविक मौज के लिए निकलते हैं और उन्हें मोहने आती हैं सजी-धजी लहराती हुई प्रॉस्टीट्यूट्स। तब इन सड़कों का नज़ारा कुछ और ही दिखता है।"

15

1 जून, 2012

फुनीकुलर

पीले मकान के नीचे ऊपर बढ़ रही सड़क पर थोड़े ही क़दमों की दूरी पर, आगे पारदर्शी काँच जड़े लोहे के फ्रेम पर खड़े तिकोनिया छत वाले बूथ, एक कोठरिया, और इन सबके आजू-बाजू एक-एक पुराने ज़माने के लैम्प-पोस्ट। सामने गोल छतरियों तले लगी दुकानें, दो-चार सैलानी। बूथ के पीछे ढलान पर चढ़ते-उतरते मालगाड़ी के वैगन या ट्राम जैसे डब्बे। सब के साथ हम भी इस अजूबी सवारी के लिए टिकट की पांत में लग गए।

'विश्व स्मारक कोश' द्वारा 1996 में दुनिया के सौ सर्वाधिक आपदाग्रस्त ऐतिहासिक रत्नों में और 2003 में यूनेस्को द्वारा घोषित वालपराइसो के 'विश्व विरासत खित्ते' में शामिल किया गया यह अजूबा—'फुनिकुलर एलीवेटर' (Funicular elevators) के नाम से मशहूर है। इसे 'इन्क्लाइन्ड प्लेन' (inclined plane) या 'क्लिफ रेलवे' (cliff railway) भी कहते हैं। एक केबल से जुड़े इसके दो डब्बे, एक-दूसरे को सन्तुलित करते, गरारियों पे चढ़ी केबल के सहारे, खड़ी पहाड़ी ढलान पर कसी रेल की पटरियों पर ऊपर-नीचे सरकते, फेरा लगाते, सैलानियों को रिझाते-लुभाते चढ़ते-उतरते हैं। डब्बों की फ़र्श के नीचे लगी टंकियों को ज़रूरत के मुताबिक़ पानी से भर कर या ख़ाली करके इनका सन्तुलन और अधिक साधा जाता है। शहर की खड़ी पहाड़ियों पर चढ़ती-उतरती अलग-अलग रंगों वाले 'फुनिकुलर' कई जगह दीखते हैं।

अपनी पारी आते ही, चेहरे से कौतूहल छलकाते सैलानियों के साथ, हम भी एक डब्बे में सवार होकर झटके से ऊपर उठ चले, एक नए तजुर्बे के लिए। हलकी खड़खड़ाहट के साथ दूसरी तरफ़ से उतर रहा डब्बा बीचोबीच से होकर गुज़रा। ऊपर पहुँचने पर, डब्बे का दरवाज़ा खुलते ही नया नज़ारा उजागर हुआ, असली दिलकश 'रंगीलो वालपराइसो' तो अब सामने आया।

सबके चेहरे खिल-खिल जाते, सबके झोले खुलने लगे, किसी ने कैमरा निकाला और कोई मोबाइल के कैमरे पर आँख गड़ाने लग गया, कोई सेल्फ़ी के लिए पैंतरा मारने लगा, लोग टूटे पड़ते आसपास के रंगीन परिदृश्य की तसवीरें सँजोने के लिए। मोहक नज़ारे, मोहक मुखड़े, मुस्कुराहट बिखेरते गदराए हुए

युवा, पक रहे और चुक चुके चेहरे। अमरीकी, चिलियन, एशियन...। रंगीन मकानों और तरह-तरह की 'ग्राफ़िटी' से सजी दीवारों वाले रंगीन मकानों की पृष्ठभूमि।

ऐसे में हम भी कहाँ चूकने वाले ठहरे। अपनी-अपनी फ़ोटोग्राफ़िक समझ और नज़र के मुताबिक़ कुछ क्लिक करने के अलावा मैंने 'लहुरा वीर' के और उन्होंने मेरे कुछ अक्स उतार लिए, यह कहते हुए कि देखें किसके फ़ोटो बढ़िया आते हैं। आख़िरकार हममें से किसने बाज़ी मारी यह जानने के लिए बाक़ायदा एक कमेटी बनवा कर उनका फ़ैसला सुनने के बाद ही कुछ कहा जा सकता है।

16

1 जून, 2012

रंगीलो वालपराइसो

हमने सोचा साँझ गहराने से पहले समय रहते लगे हाथ आसपास और गली-कूचों का जायजा भी ले लिया जाए। टहलते हुए उधर बढ़ने पर सामने आया बाएँ पहलू पर लाल, पीले, हरे रंगों वाले मकानों की पृष्ठभूमि में एक चर्च और उसकी ऊँची मीनार। दूसरे पटल पर समन्दर से सटी हुई लगती बहुमंज़िली इमारतें।

लाल पट्टे वाला झोला लटकाए 'लहुरा वीर' ख़रामा-ख़रामा, अलग-अलग रंगों में रंगे मकानों की क़तार के बग़ल के पटरे वाले पुल से गुज़र कर, गली की ओर टहल लिये। हम सब भी 'महाजनः गतः सा पन्था' की तर्ज़ पर उनके पीछे-पीछे लग लिए।

ऊपर उठती सीढ़ियों के पार, सूनी गली में, आगे ऊपर उठते ढलान पर खिलौनों सी सजी, तरतीब से खड़ी कारें। माहौल सुकून से ऐसा लबरेज़ कि जिसे कैमरे में नहीं, ज़ेहन में ही भरा जा सके। एक कोने में टिकी मोटरबाइक, दीवारों पर ग्राफ़िटी, रेस्टोरेंट। ताज़ा खिले लाल, बैगनी और सफ़ेद फूलों के पौधों से सजे न्यारे बंगलों के अगवाड़े। मकान नम्बर 347 के दरवाज़े के खम्भे पर बैठी काली बिल्ली की चमचमाती आँखें, तसवीर उतारने वालों ने लपक-लपककर सारे अक्स कैमरे के सुपुर्द किये।

यह सुनकर कि जयपुर के पुरोहितों के यहाँ अपने अनुज की ससुराल है पुरोहित जी पल भर में मधुर रस से लबलबा उठे। उन्होंने बताया—जोधपुर से आते हैं, राजस्थान में खदानें खनवाते-खनवाते ज़्यादा खट जाने के बाद, 'चिली' में धरती पलटवाकर रुक्का ढालने की जुगत में यहाँ तक विचरण करते चले आए। उनका जज्बा यह समझाने के लिए काफ़ी था कि आख़िर राजस्थान की बालू से इतने सफल व्यापारी कैसे आकार लेते हैं। उन्हें कपूर साहब से पता चला हमारे कॉन्फ्रेंसिया के बारे में सो देखने-सुनने चले आए। ज़िन्दादिल आदमी लगे।

गली में आगे एक बन्द शटर के पीले पटल पर लाल-हरे रंग से रोमन स्क्रिप्ट में 'भगवान्', 'प्रसादम, पत्रम-पुष्पं-फलम भक्तया प्रयछाती', आदि लिखा देखा तो डॉ. भंडारी और पुरोहित जी के क़दम आपोआप ठमक गए। थोड़ा सर मारने पर समझ आया कि शायद 'शाकाहारी हिन्दू रेस्टोरेंट' है, हाल ही में खुला या खुलने वाला है।

सड़क के दाएँ डेढ़ सौ बरस से ज़्यादा पहले बना, मरम्मत के लिए बन्द, सेंट पॉल चर्च देख सारे साथी उसे खुलवाकर देखने के लिए मचल गए। ऐसे मौक़े पर अब तक नाकारा समझा जा रहा गाइड बहुत काम आया। चर्च की देख-रेख करने वालों से ख़ासी जद्दोजेहद के बाद अन्दर जाने की परमीशन मिल ही गई। और तब पहली बार गाइड को साथ रखने का मसरफ़ समझ में आया। अन्दर की बनावट, छत वग़ैरह पहली बार इतने नज़दीक और इत्मीनान से देखे। एक ओर घेरे में रखा पियानो दिखा तो लोगों ने उसे बजवा कर कुछ देर सुन लेने के बाद ही दम लिया।

चर्च के सभा-कक्ष के एक कोने में, प्रवचन देने के लिए बना लकड़ी का डायस देखते ही 'लहुरा वीर' वहाँ जा डटे और ऐसी मुद्रा में अपनी तसवीर खिंचवाई मानो वही वहाँ के मुख्य अधिष्ठाता/व्याख्याता हों। शस्त्र, शास्त्र, पढ़ने-लिखने और पढ़ाने वालों की परम्परा वाले उनके घराने की तलवारें भले ही दीवारों पर सजती हों, हाथों में राज-दंड, लेखनी, शोध और अध्यापन का अन्दाज़ अभी भी जस का तस चल रहा है। मौक़ा मिलते ही पूरे रौब-दाब के साथ प्रवचक की मुद्रा धर ली।

'लहुरा वीर' के ये भाव-ताव देखकर मुझे अपने पुराने सेक्रेटरी उपाध्याय जी से सुनी दो सतरें बेसाख्ता याद आने लगीं :

बड़े अरसे की आदत है,
ब-आसानी न जाएगी।

17

1 जून, 2012

क्या याद रखेंगे

ऊपर का चक्कर लगाते हुए एक बार फिर सोचने लगा—कितना कम आंकते रहे हम गाइड को लेकिन वो तो बड़ा काम का आदमी निकला, क्यों न उससे वालपराइसो के बारे में कुछ बुनियादी जानकारी हासिल कर ली जाए। और वहीं सड़क के एक किनारे बैठकर उसका कहा सुनने लगे—

'माना जाता है कि इस खाड़ी-तट पर कभी खेतिहर 'इंडियंस' रहते थे। जबकि कुछ लोग मानते हैं कि यहाँ मत्स्यजीवी खानाबदोश घूमते-फिरते रहे। कालान्तर में 1536 में चिली पहुँचने वाले पहले स्पैनिश 'डिएगो द अलमोआरो' (Diego de Almoaro) द्वारा भेजे गए जलवाहक 'सान्तिआग्यूईलो' (Santiaguillo) के कप्तान 'जुआन दे सावेदरा' (Juan de Saavedra) ने अपने गाँव 'वालपराइसो दे अर्रिबा' (Valparaiso de Arriba) के नाम पर इस बसावट का नाम वालपराइसो रखा।

'1888 में स्पैनिश सत्ता से आज़ादी पाने के बाद यह पत्तन 'चिलियन नेवी' का ख़ास ठिकाना बनकर अन्तर्राष्ट्रीय व्यापार के लिए खुलने के बाद, वालपराइसो उन्नीसवीं शदी के उत्तरार्ध में अटलांटिक और पैसिफ़िक को पार करने वाले नाविकों के लिए एक पसन्दीदा पड़ाव बन गया। अपनी बुलन्दी के इस स्वर्णयुग में इसकी शोहरत 'छोटे सानफ्रांसिस्को' (Little San Fransisco) और 'पैसिफ़िक के नगीने' (जेवेल ऑफ़ द पेसिफ़िक) के नाम से जगमगाती रही। लातिन अमेरिका के प्राचीनतम स्टॉक-एक्सचेंज, पहले वॉलन्टियर फ़ायर डिपार्टमेंट, चिली की पहली पब्लिक लाइब्रेरी, और सबसे पुराना स्पैनिश अख़बार निकालने का फख्र भी इसे हासिल है।

' 'पनामा कैनाल' बनने के बाद अन्तर्राष्ट्रीय पर्यटन बाज़ार में वालपराइसो के भाव कुछ गिरे लेकिन हाल में नया कलईदार कलेवर चढ़ने के साथ फिर से नयी ऊँचाइयों के पायदान चढ़ता जा रहा है। दूर-दराज़ के सैलानियों के अलावा चिली के दूसरे शहरों के बाशिन्दे भी ज़िन्दगी से भरपूर इस शहर की धक-धक का लुत्फ़ लूटने के लिए लहराते हुए चले आते हैं।'

यह सुनने के बाद हमारी मगज में घुस पाई सफारत के लोगों से सबेरे से सुन रहे इस बात के मायने कि—'चलते समय अपनी सारी बसें फुल रहेंगी लेकिन लौटते समय ख़ाली, क्योंकि कम ही लोग वहाँ रात बिताने का लालच छोड़ पाएँगे।'

इतने ज्ञान-लाभ के बाद हमारा ध्यान आसपास की गतिविधियों की ओर घूमा। हमने देखा—एक स्टूल पर जमा अकेला गिटार-वादक बड़ी तन्मयता से बदल-बदलकर मनभावन धुनें निकालता रहा लेकिन किसी ने एक पल ठहरकर कान देने तक की ज़हमत नहीं उठाई। यह देखकर ऐसा लगा कि दुनिया भर में कविता करने और गाने वालों की बड़ी दुर्दशा है। कलेजा निचोड़ कर लिखें तो भी, सुनने वाले बमुश्किल ही मिलते हैं और उनमें से भी बहुतेरे ज़रा सी देर में मुँह घुमा कर अपनी राह पर चल पड़ते हैं।

साँझ की क़रीबी ने ख़ूबसूरती बिखेरने में बेपनाह दरियादिली दिखाई। शहर का असली शबाब अब परदा हटाकर सामने आया। सारा नज़ारा एकबारगी नरम

वालपराइसो, व्यू पॉइंट, चिली

रोशनी में नहा कर ताज़ातरीन नज़र आने लगा। धरती, आसमान, इमारतों और समन्दर सब पर ढलते सूरज से छितराये रंग का झिलमिल पानी चढ़ गया। जैसे क़ुदरती रुख़सार पर हौले-हौले उतरती शर्मीली लाली।

तनिक समय और बीता, और नीचे के कूचों और चलती कारों के लाल-पीले लट्टू जुगुर-मुगुर मुचमुचाने लगे। धीरे-धीरे वहाँ उतरती परछाईं गहराने लगी, गुलाबी मकान और आसमान ने एक सा लिबास पहन लिया, दूर उस छोर की बस्ती, पहाड़ी और क्षितिज सुनहले हो चले। हम एक ही जगह जमे, लमहा-लमहा नया लिबास बदलती ख़ूबसूरती पर ग़ौर करते पूरी तरह ग़ाफ़िल रहे।

गाइड महोदय हमें एक से दूसरे 'व्यू-प्वाइंट' पर घुमाने ले गए। वहाँ भी फ़ोटोग्राफ़ी का एक और दौर चला। लोग अपने-अपने हिसाब, अदाओं, अन्दाज़ में फ़ोटो खिंचवाते रहे। एक बालकनी से नीचे की वादी में झाँकते कैफे में खान-पान और दीदार-ए-क़ुदरत का मज़ा एक साथ समेटते सैलानी। सफ़ेद-काले चौकों वाली शतरंजी फ़र्श और लैम्प पोस्ट, नीचे सरकती मोटर गाड़ियाँ। क्या ठिकाना चुना है सैलानियों को लुभाने और रुपये में सोलह चवन्नी भुनाने का। मौक़ा मिले तो आप भी एक बार इस कैफे में टेंट ढीली कर आइए।

वालपराइसो, व्यू पॉइंट, चिली (फ़ोटो साभार : बी.आर. मणि)

उस ठिकाने से चलने के लिए क़दम बढ़ाते सहसा 'लहुरा वीर' ने रोक लिया—

"बड़े भाई! ज़रा यहाँ खड़े हो जाइए। एक बेजोड़ तसवीर उतार लेता हूँ। आप भी क्या याद रखेंगे मेरी फ़ोटोग्राफ़ी को।"

नेक काम में देर क्या, मैं पोज़ मार कर रेलिंग से लग कर खड़ा हो गया, नीले आसमान और जलपोतों की चहलपहल वाले पत्तन पर लहराते आसमानी नीले जल के साथ ढलते सूरज की चित्रकारी देखते हुए।

वाकई अब तक उतारी गई अपनी तसवीरों में से उस नायाब फ़ोटो को जब भी देखता हूँ उनकी निगाह की तारीफ़ किये बिना नहीं रह पाता।

रात की स्याही गहराई तो सारी इमारतें, चौक-चौबारे सब कुछ रोशनी से जगमगाने लगे। चहल-पहल बढ़ती ही जाती। उन्हीं में दूर देश से आए नाविक और उनका मन बहलाने वाले भी शामिल होंगे। सजे-सँवरे युवा सैलानी चुलबुलाते-चहकते। ज़िन्दगी फुहारों सी फूटने लगी।

तब तक हम थककर चूर अपनी टोली के साथ लिथड़ते हुए से चलने लगे थे। सामने खड़ी दो डीलक्स बसें देख कुछ अन्दर जा बैठे और बाक़ी गाइड से दरियाफ़्त करने में लग गए कि क्या यही बसें हमें वापस ले जाएँगी। गाइड बस वालों से देर तक जूझता रहा, पर हासिल कुछ न हो सका तो हार कर हमारे ज़्यादातर साथी पस्त होकर बस की सीटों पर ढह गए। हमने, 'लहुरा वीर' की सलाह पर, डॉ. भंडारी के पीछे-पीछे चलने में ही अपनी भलाई समझी। और हम भी बिना आगा-पीछा देखे उसी बस में ओलर लिए।

सान्तिआगो से हमारे साथ आई बहुत सी नफरी नदारद दिखी, यक़ीनन अब तक वे 'रंगीले वालपराइसो' की रंगरेलियों में डूब रहे होंगे। थोड़ी देर बाद यह जान कर जान में जान आई कि हम अपने ही राजहंसों पर सवार हैं। आधी ख़ाली बस में आधे से ज़्यादा लोग पहले ही सोने या ऊँघने लगे। फिर, जब चले तो एक-एक कर बकिया ने भी पाँव पसार लिए और उसके बाद तभी चैतन्य हुए जब सान्तिआगो के पहले पड़ाव पर कुछ सवारियों के उतरने की खटपट सुन पड़ी।

आगे चलकर हमारा स्टाप आने पर, उतरते ही सफारत की गाड़ी और शोफर सामने मिले। 'लहुरा वीर' सौ फ़ीसदी सही निकले, डॉ. भंडारी ने अपने घर जाने से पहले हमें हमारे होटल तक छोड़ा। इसे कहते हैं गाय की पूँछ पकड़कर वैतरणी पार उतरना।

18

2 जून, 2012

कलामा की ओर

कलामा-अताकामा की यात्रा पर निकलने के लिए हम पूरी तरह लौंछियाए हुए थे लेकिन लौटानी उड़ान घड़ी के काँटे पर टिकी होने की जानकारी पा कर जिउ हलाकान होने लगा। कलामा से सुबह चलकर सान्तिआगो, और आधे घंटे के अन्दर अगली उड़ान के लिए रिपोर्टिंग करना। और फिर ताबड़तोड़ इंटरनेशनल उड़ान 'ब्यूनस आयर्स' के लिए। उतने ही दरमियान में घरेलू हवाई अड्डे पर उतरकर, अन्तरराष्ट्रीय अड्डे पर पहुँचना, चेकइन, बोर्डिंग पास और सिक्योरिटी के हर्डल फांद कर समय पर बोर्डिंग के बवाले जान। पहली उड़ान में देर हुई तो दूसरी गई हाथ से, फिर क्या होगा? दूसरा टिकट कहाँ से आएगा? ख़र्चा कहाँ से जुटेगा? जितनी हो सकती थीं उतनी आफ़त-बिपत दिलोदिमाग हलाकान करने लगीं।

लेकिन, सफारत वाले पूरी तरह बेफ़िक्र, बोले—"अपना सामान होटल में छोड़ जाइएगा, बाक़ी हमारे लोग निपट लेंगे, एयरपोर्ट पर मिलेंगे चटपट सब हो जाएगा।" बुढ़ापे की ओर बढ़ रहा अपन का मरा-मरा सा मन फिर भी संशय में डोलता देख 'लहुरा वीर' ने दम दिलाया—

"बड़े भाई! कुछ काम भगवान् भरोसे छोड़ देने चाहिए, फिर सब अपने आप पार लग जाता है। और अगर कुछ गड़बड़ाया तो कपूर साहब हैं ना सँभालने के लिए।"

जो अगर उनकी लेट-लतीफी और हीथ्रो हवाई-अड्डे पर ऐन मौक़े पर पहुँचने के पिछले तजुर्बे से नावाक़िफ़ होता तो उनके कहने पर पूरी तरह निसाखातिर हो जाता। उनकी तरह चलने पर कभी-कभार जहाज छूट जाना कोई मुश्किल बात नहीं। फिर भी, उनकी दिलासा ने डूबते को तिनके का सहारा तो थमा ही दिया। और कोई चारा तो था भी नहीं, उसी के सहारे फिसल पड़े डुबकी लगाने को—'हरि गंगा'।

ब्रह्ममुहूर्त में उठकर, लखनऊ से गठिया कर लाई बची-खुची मठरी, सूजी के लड्डू और शकरपारे की पोटली लाल झोले में सँभाले दरवाज़े के बाहर हो लिए। टैक्सी नियत समय से दरवाज़े पर आ लगी। यह बात दीगर कि हम लोग ग़फ़लत में आधे घंटे पहले से ही सड़क कूटते व्याकुल होते रहे। समय से पोर्ट पर पहुँचे। ड्राइवर साहब लिफ़्ट से अन्दर तक छोड़ आए।

आगे की सवारी के लिए 'लैन एयरलाइंस' का लकदक जहाज और उतने ही सजीले उनके उड़ाका-दल के सदस्यों ने दिल जगा दिया। जहाज उड़ा तो दाएँ पहलू पर बर्फ़ से ढकी 'एंडीज़ पर्वतमाला' की ऊपरी धार, नीचे गहरी घाटियाँ और पहाड़ियाँ और बाएँ दूर नीला समन्दर। 'लहुरा वीर' खिड़की की सीट पाकर नीचे के दृश्य निहारने और फ़ोटो उतारने में मगन और मैं कसमसाता हुआ अगल-बग़ल की खिड़कियों में उचक-उचककर झाँकता, अपने भाग को कोसता हुआ।

थोड़ी देर ऐसे ही झंखने के बाद जहाज की सबसे पिछली क़तार में जगह पाने का रंज भी जाता रहा। ख़ूबसूरत और चुस्त एयर होस्टेस के सहारे चलती निगाहें पीछे के 'सलीदा' (SALIDA : एक्ज़िट : निकास) की अंडाकार खिड़की पर जा टिकतीं। बाहर के पहाड़ों की फ़ोटोग्राफ़ी के लिए बहुत माकूल जगह लगी, लेकिन वहाँ तक जाने की इजाज़त माँगने को कसमसाता रहा। हिम्मत जुटाकर परमीशन माँगने पर मुस्कुराहट के साथ सहज ही मिली। दिल खोलकर बर्फ़ ढके पर्वतों के अक्स उतारने लगा। मगर यह सब ज़्यादा देर तक चलता देख थोड़ी ही देर में मोहतरमा लपकती हुई आकर सिर पर खड़ी हो गईं। कहने को तो हाँ कह दी, फिर लगा होगा कि कहीं कोई खुराफ़ात करके दरवाज़ा ही ना खोल दूँ।

19

2 जून, 2012

कलामा

जहाज लैंड करने की घोषणा के साथ हलचल शुरू हो गई। एक-दूजे पर सिर टिकाए गुटुरगूँ कर रहा युवा जोड़ा सचेस्ट हो गया। किताब पढ़ने वालों ने जम्हाई लेकर बैग सँभाला। एयर होस्टेस और उनके साथी अपनी-अपनी कुर्सियों पर चाक-चौबन्द। उतरते वक़्त ऊँची-नीची ज़मीन का वनस्पति विहीन विस्तार निगाहों की हद तक फैलता चला गया।

सवारियों में जहाज से उतरने की उतावली यहाँ भी दिखी। ज़्यादातर दूर देश से आए सैलानी और कुछ लोकल चेहरे। उतरते ही तेज़ हवाओं ने सलामी दी।

परिदृश्य का सम्मोहन पल भर में जादू सा चला। बस देखते ही रह गए। सफारत वाले नाहक कह रहे थे—''क्या देखेंगे उस वीराने में, कमबख़्त, यह नहीं जानते—रब सबको रस पीने वाली आँखें नहीं देता।''

इधर-उधर ताकते हुए 'लहुरा वीर' फौरी बोल पड़े—''लेह-लद्दाख जैसा लग रहा है।''

झकझोरती हवा में उड़ती-उलझती ज़ुल्फ़ें और झटका मारते हाथ के झोले सँभालते हम दोनों ने सबसे पहले जहाज के सामने खड़े होकर एक-दूसरे से फ़ोटो खिंचवाए। फिर, 'एराइवल लौंज' में आए। यह एयरपोर्ट भी बड़ा प्यारा लगा। छोटा, शान्त, न्यारा, छोटी सी लॉबी, नन्हे खिलौने जैसी 'कन्वेयर बेल्ट' (लगेज-पट्टा)। बाहर, कुछ टैक्सियाँ और इक्का-दुक्का लोग। तनिक सी देर में सारे सैलानी अपने-अपने मुक़ाम के लिए चल निकले। एक ओर कलामा शहर, एक ओर घूमती सड़क और पूरब की ओर कोरा भूरा ज़मीनी फैलाव।

कपूर साहब की ताक़ीद के मुताबिक़ हम वहाँ अपने मुक़र्रर साथियों को तलाशने निकले ही थे कि बड़ा सा धूप का चश्मा लगाए, हमारे अगुआ डाक्टर मणी के नाम की तख्ती हाथ में उठाए, एक हैंडसम खिला हुआ लड़का लपकता हुआ आया—'माई नेम इस पिएर्रे। आई एम योर गाइड।' (मेरा नाम पिएर्रे (Pierre) है। मैं आप का गाइड हूँ)। बिलकुल वैसा ही जैसा सोचा था। उसके इशारे पर एक कार फर्राटे से आकर हमारे बग़ल में रुकी। उसने बैठने का इशारा करते हुए हमें पानी की एक-एक बोतल और गाइड-बुक थमा दी। कार का दरवाज़ा खोलने का हैंडिल थामते ही टूट कर गिर पड़ा तो सोचने लगा क्या यह टुटही खटारा इतनी दूर चल भी सकेगी? तभी लम्बे बालों को चोटी की तरह बाँधे ड्राइवर ने बिना झिझक दूसरी ओर का दरवाज़ा खोलकर हम दोनों को पीछे की सीट पर और गाइड महोदय को अगली पर बिठाया और गाड़ी स्टार्ट करके ले उड़ा।

मरुद्यान की हरियाली सँभाले 'कलामा' का नाम कुंजा भाषा के 'चकलोमा' का बिगड़ा रूप है जिसके मायने हैं—ऐसी जगह जहाँ तीतर चिड़ियाँ रहती हैं। रास्ता चलते पिएर्रे बताने लगा—''समन्दर से 2255 मीटर कि ऊँचाई पर लोआ नदी के किनारे बसे लगभग डेढ़ लाख की आबादी वाले 'कलामा' की शोहरत यहाँ की बहुत बड़ी-बड़ी खदानों से ख़ास तौर पर निकाले जाने वाले ताम्बे की तक़रीबन 12 बिलियन अमरीकन डॉलर की कमाई ने बढ़ाई है। छुट्टी होने की वजह से आज खदानें बन्द हैं, उधर जाना बेकार होता। इसलिए हम उधर नहीं 'पेट्रोग्लिफ साइट्स' की ओर चल रहे हैं।''

20

2 जून, 2012

पेट्रोग्लिफ साइट : येरबस बुएनस (HIERBAS BUENAS)

आताकामा देखने को हमें सिर्फ़ आधे दिन का वक़्त मिला, इसलिए हम अभुआए जाते—कितना पाएँ कितना सरपेट लें। फर्राटा भरती कार की फ्रंट-स्क्रीन और खिड़कियों के दोनों ओर आँखें गड़ाए रहे। कहीं कोई पेड़-पौधा, झाड़, तालाब, नदी-नाले की धार, बसावट, आदमजात नहीं। हलके से उठती-उतरती, सूनी, भूरी ज़मीन, कहीं वादी की तलहटी में पहुँचती, कहीं दूर क्षितिज पर ऊँची पहाड़ी शृंखलाओं के बीच नीले आसमान की पृष्ठभूमि में उठी ज्वालामुखियों की बरफ़ सजी चोटियाँ दिखलाती। सड़क के दोनों ओर बरसाती बहाव से जमी पपड़ाई हुई मिट्टी की सतह देखकर लगा बहुत बरसात होती होगी लेकिन जब पता चला कि कलामा का सालाना औसत 1.4 इंच से ज़्यादा नहीं ठहराता तब सोचने लगे शायद यहीं की बरसात देखकर किसी ने गाया होगा—'...आई बरसात, तो बरसात पे रोना आया।'

कलामा 'सैन पेड्रो' रूट से 'रिओ ग्रांदे' नामक क़स्बे के लिए घूमे रस्ते पर, समुद्र तल से 2300 मीटर की ऊँचाई वाला 'येरबस बुएनस' नामक एक पड़ाव आया। सूखे रेगिस्तान के बीच यहाँ थोड़ा सा उभरी यह छोटी सी पहाड़ी अपनी ललछौहीं शिलाओं पर उकेरित चित्रों के कारण सैलानियों का एक पसन्दीदा गंतव्य बनने की ओर बढ़ रही है लेकिन अभी तो यहाँ की आमद दिन भर में बमुश्किल 100 की गिनती छू जाए तो भी बहुत है। पिएर्रे के इशारे पर हमारी मोटर गाड़ी आसपास की ज़मीन से मेल खाते पत्थर-माटी की दीवार और घास-फूस से छाए छाजन वाले रिसेप्शन के सामने वाली पार्किंग में जा लगी।

माकूल मौक़ा पाते ही 'लहुरा वीर' में समाए आचार्य जाग्रत हो उठे—

'लद्दाख में जैसे 'आईबेक्स' के उकेरण की बहुतायत है वैसे ही यहाँ 'लामा' के चित्रण की। पवित्र स्थानों पर ऐसे चित्रण की परम्परा, ख़ास तौर पर पशुओं के पेट में बच्चे के अंकन की, लद्दाख और दूसरे कॉन्टिनेंट्स के देशों में बच्चे के जनम के समय धरती माँ को शुक्रिया अदा करने के प्रचलित अनुष्ठानों से कितना मेल खाती है...।'

'लामा', उकेरित चित्र, येरबस बुएनस, आताकामा, चिली

यह सुनकर मुझे अपने देश के सोनभद्र ज़िले में देखे ऐसे शैलचित्र याद आ गए।

रिशेप्सन की इमारत की बनावट हमें पसन्द आई लेकिन उसकी लोकेशन और पीछे की पानी की टंकी अपनी नुक्ताचीनी निगाह में गड़ने लगीं। हमारे हिसाब से अगर इनके लिए सड़क के दाएँ पहलू की खलिहर ज़मीन चुनी गई होती तो पुरास्थल का परिदृश्य जस का तस बना रहता।

लौटकर अगले पड़ाव की ओर बढ़ने की राह में 'लहुरा वीर' की एक और मुराद पूरी हुई—क़ुदरती परिवेश में 'लामा' को विचरते देखने और उसका फ़ोटो उतारने की। क्या कहने उनके, ख़ुशी से फूले जाते।

कहते हैं—'ज़्यादा ख़ुशी पे शैतान की नज़र लग जाती है'। नहीं कुछ और तो, मोटर का पहिया ही बोल गया। चोटी वाले भइया और गाइड महोदय स्टेपनी बदलने में लग गए, सड़क पर सरकारी पतरौल वालों ने रुककर मदद की पेशकश की लेकिन उन दोनों को अपने ही बाजू पर ज़्यादा भरोसा दिखा, हाथ हिला कर पतरौल वालों को थैंक्स कहा और उन्हें आगे बढ़ा दिया।

सड़क से उतरकर मैं आसपास नज़ारा लेता नन्ही-नन्ही नागफनी देखता रहा। 'लहुरा वीर' स्टेपनी बदलने में मदद करने गए तो ऑक्सीजन की कमी से लम्बी साँसें भरते एक बार फिर लद्दाख की याद सँजोने लगे। गाइड ने मोटर के नीचे से और चोटी वाले ने ऊपर से देख कर ठीकठाक चक्का लगाया—और फिर 'चलती का नाम गाड़ी'।

21

2 जून, 2012

मंगल तल / मौत की वादी

कुछ दूर चलते, फिर रुक जाते, गहरी वादी के ख़ूबसूरत मोड़ पर, किसी दृश्यावली की गिरफ़्त में, रंग बदलती धरती तकते, ज्वालामुखियों के नाम टोहते।

गहरी ढलान पर उतरती सामने से चली आ रही अकेली टूरिस्ट बस गुज़री और हम पहुँच गए एक बन्द हो रही राह से लगते छोर पर। हमारे सामने दिख रही थी भूगर्भीय सर्जन की एक अनोखी मिसाल। कभी यहाँ लहराती एक प्रशस्त गहरी झील के नीचे की ज़मीन उठ जाने से उसकी तलहटी में तक़रीबन 23 मिलियन बरस पहले से जमा हो रहे माटी, खनिज और प्रस्तर की क्षैतिज परतें भी उठ कर, मुड़ और तन कर, कहीं-कहीं ऊर्ध्वाधर खड़ी हो गईं। इन परतों के एक-एक रंग में संजोये भूगर्भीय इतिहास के सूत्र सुलझाने के लिए दुनियाभर के भू-सुंघवा (भूगर्भशास्त्री : जिओलॉजिस्ट) और मुँह बाए आँख फाड़े भटकने वाले बहुतेरे सैलानी यहाँ आने को लालायित रहते हैं।

'आगे अभी और भी है', यह तब समझ में आया जब गाइड महोदय आगे और आगे चलते गए और बन्द लग रही गली के आगे का नायाब नज़ारा रंगमंच से उठते परदे के पीछे के परिदृश्य सा उभरता गया। एक अनोखी वादी के अनदेखे बीहड़, हवा के झोंकों और रूखे-सूखे बरसाती बहाव से रूपाकारित भूरे रेतीले टीले, और दूर निगाहों के दायरे पर एंडीज़ पर्वतमाला के ज्वालामुखियों के मनके। बीहड़ों के लाल रंग के कारण इस घाटी को 'मार्स वैली' (मंगल घाटी) और फासिलाइज़्ड भू-आकृति की वजह से 'डेड वैली' (मौत की वादी) कहा जाता है। कुछ सैलानी यहाँ के रेतीले टीलों पर फिसलने का खेल खेलने भी आते हैं।

यूँ तो 'लहुरा वीर' और अपने साथ की चार दहाइयाँ पूरी होने को नियराईं लेकिन साथ-साथ तसवीर उतरवाने का संयोग, दो-दो महाद्वीपों और कई महासागर पार जाकर उस बियाबान में ही बना, और वह भी अपने 'पियरे भाई' (गाइड) के हाथों। हमने ऐसे अन्दाज़ में अदाएँ बनाकर फ़ोटो सेशन चलाया कि अपनी तसवीरों के ज़रिए अगली पुश्तों तक को हीरो लगते रहें। हम क्या, बड़े-बड़े ऋषि-मुनि भी हारते रहे हैं ऐसी लालसाओं से।

22

2 जून, 2012
चले चाँद की ओर

अगले 'व्यू पॉइंट' के मोड़ से पश्चिम से पूरब की ओर पहले 'कॉर्डिलेरा द डोमेयको' (Cordillera de Domeyko) पर्वत नज़र आया, जिसकी 4278 मीटर सबसे ऊँची चोटी का नाम 'किमाल' बताया गया। फिर दिखा 'साल्ट रेंज' जिसमें स्थित है 2300 मीटर की ऊँचाई वाली मून वैली। और सबसे पूरब में विराजमान है—प्यूना नामक 4700 मीटर ऊँची ऐनडियन पर्वत श्रेणी का पठार। इसके ऊपर सिर उठाए दिखे ऊँचे और ऊँचे ज्वालामुखी : 'लिकाकाबुर' (Licacabur : 5916 मीटर), 'अगुअस कालिएन्ट्स' (Aguas Calientes : 5924 मीटर), 'लास्कर' (Lascar : 5154 मीटर), 'अकामरीची' (Acamarachi : 6046 मीटर), और जाने क्या-क्या, सब नाम कहाँ तक लिखते।

घाटी में 'सैन पेड्रो' नदी के बहाव के उस पार इसी नाम के मरुद्यान की हरियाली, सफ़ेद, भूरे, हलके लाल टिंज वाली बहुरूपी लहराती, उठती या बीहड़ भूमि का विहंगम दृश्य। मरे हुए अश्मीकृत डाइनोसोर की कंटीली पीठ के उभार जैसे माटी के ढूहों की ओर इशारा करके गाइड ने बताया कि इनकी वजह से इसे 'डाइनोसोर वैली' भी कहते हैं।

कुछ ही दूर आगे चलकर 'सैन पेड्रो' का रास्ता छोड़ दाएँ बाजू की सड़क धर ली जो हमें ले गई सीधे 'वाल्ले द ला लूना' (VALLE De LA LUNA : चन्द्र-घाटी) के सूचना केन्द्र के बैरिएर के सामने। दुनिया के बहुत से देशों के दावों को पछाड़ कर चन्द्रमा की सतह से सबसे ज़्यादा मेल खाने वाली इस घाटी की सतह ने इसे यह नाम अर्जित कराया है। टिकट ख़रीदकर हम इस प्राकृतिक अभयारण्य में घुसते ही दाहिनी ओर के ढलान पर बहाव से बने जमावों पर चढ़ी नमक की सफ़ेद परत देखते हुए आगे बढ़े।

पहला पड़ाव आया ज्वालामुखियों से निकलकर सतह पर जमा हुई बड़ी-बड़ी स्फटिक या बिल्लौरी शिलाओं वाली चुलाकाओ गुफाओं पर। इनके साथ ही जमा सतहों में मिलते हैं अलग-अलग रंगों वाले अनेक खनिज जैसे जिप्सम, क्लोराइट, बोरेट, वग़ैरह। हम उधर ही बढ़ लिये। ऐसी गुफाएँ और ऐसी सतहें हमने अब तक कहीं नहीं देखीं। भला वहाँ की सनद कैसे नहीं संजोते। गाइड महोदय और 'लहुरा वीर' की फ़ोटोग्राफ़ी ने उन्हें दुर्लभ स्फटिक सा तराश कर हमारी रुपहली यादों वाली अँगूठी में नग जैसा सजा दिया।

दूसरे-तीसरे पड़ाव, सब के सब नाम प्राकृतिक जमावों के अलग-अलग आकारों और पहलेपहल यहाँ आने वाले यूरोपियन जिज्ञासुओं के विश्वासों से जन्मे। रोमन थिएटर से मेल रखने वाली ऊँची पहाड़ी 'एम्फी थिएटर', बालू के ऊँचे टीले के ऊपर का रास्ता 'डयूनपाथ'। तेज़ हवाओं और वर्षा के कटाव से बची रह गईं, पत्थर की पिंडिओं, मिट्टी, उपरत्नों, स्फटिक के जमावों से लगभग 10 लाख साल पहले बनी आकृतियों को कहा गया 'द थ्री मैरीस'। सब ओर पसरी नमक की सफ़ेद चादर, लौट-लौटकर, 'कच्छ के रण' की याद दिलाती रही।

तब तक चारों ओर चकर-मकर तजबीजती 'लहुरा वीर' की पारखी निगाहों ने इन नामों में एक विसंगति धर ली और उन्होंने गाइड से सवाल किया—"मगर यहाँ तो तीन नहीं दो मैरीस ही दिख रही हैं!"

'थ्री मैरीस', 'वाल्ले द ला लूना', आताकामा, चिली

गाइड ने मुस्कुराकर बताया—"एक बार यहाँ कुछ ऐसे फ्रांसीसी सैलानी आए जो 'थ्री मैरीस' को निहारते-निहारते बेहद प्रसन्न होकर उसी पर चढ़ गए, नतीजतन वह चट्टान टूट कर गिर गई और अब उनमें से 'दो मैरीस' ही सलामत रह गई हैं।"

इसके अलावा गाइड ने यह भी बताया कि—"लोग यहाँ काली रातों में झिलमिलाते तारों की छाँह में रात बिताने, तसवीरें सँजोने और बड़ी-छोटी दूरबीन से दूर-दूर के ग्रहों को नज़दीक से देखने के लिए डेरा डालने आते हैं। यहाँ का अति

सूखा मौसम और साफ़ आसमान इसके लिए सबसे मुफ़ीद माना गया है। अंजोरी रातों में सारे परिदृश्य, बालूचर की सतह, नमक की सफ़ेदी और भूरे पहाड़ों पर चाँदनी की रुपहली चादर लहराने लगती है तो चारों ओर जादुई दुनिया उतर आती है।''

ऐसे में बिना देखे, सुनकर ही हमारा दिल बहक कर उन्हीं रातों में जा बसा।

अंक-शास्त्र के ज्ञाताओं के अनुसार अंक-2 के स्वामी 'चन्द्र देव' की जिस पर कृपा हो जाए, वह थोड़ा सा 'बावरा' (लूनेटिक) होता है। एक तो 2 तारीख़, दूजे अपना जन्मांक भी 2, 2-2 (22), ऊपर से नाम से भी चन्द्र (राकेश)। ऐसे में चन्द्र-तल पर चलकर समझने, कहने, लिखने की कोशिश में आपोआप समाई चन्द्र-कलाओं, भावनाओं की झूलन, और कोमल-शीतल-स्वप्निल भावरस की मधुराई में तनिक सा बहक जाने को सहज ही जानिए।

23

2 जून, 2012

सैन पेड्रो द अताकामा

'सैंट पीटर' के नाम पर पड़े 'सैन पेड्रो द अताकामा' नाम को थोड़े में लोग 'सैन पेड्रो' पुकारने लगे। 'मून वैली' से घूमकर वहाँ पहुँचने तक भूख और थकान से बेहाल निढाल हो चले थे। गाइड महोदय किस रेस्ट हाउस या होटल में ले आए हैं यह देखने की फ़िकिर भी नहीं रही। किसी तरह रजिस्टर में ज़रूरी इन्दिराज पूरी करा कर गाइड को साथ खाने का न्योता दिया। चेहरे पर झलक रही थकावट झटक कर शुक्रिया अदा करते हुए वह खिल कर बोला—''थोड़ी ही दूरी पर मेरा घर है और माई ब्यूटीफुल वाइफ़ इस वेटिंग फ़ॉर मी। आई विल टेक लंच विद हर।'' (मेरी ख़ूबसूरत बीबी मेरा इन्तज़ार कर रही है। उसी के साथ लंच करूँगा)।

अपने कमरे में सामान पटककर कुछ खाने के जुगाड़ में रेस्टोरेंट में आ जमे। 'लहुरा वीर' ने 'मेन्यू' उलट-पलटकर मेज़बान लड़की से मुस्कुराकर बात शुरू की, उसने भी उतनी ही अदा से मुस्कुराकर कुछ कहा लेकिन बोली मार गई, न उसने कुछ समझा न अपने वीर जी ने। आख़िर उन्होंने पुराना तजुर्बा आज़माया, काउंटर पर दुभाषिया तलाश कर आलू का भरता सा बनाने की फ़रमाइश कर आए।

पूरे आधे घंटे बाद जब भरते वाली 'डिश' सामने लगी तो मेरी हिम्मत उसे हाथ लगाने की भी न पड़ी। वीर जी बिना देखे बिना रुके किसी तरह सकेलते ही चले गए। मैंने बस पावरोटी के दो-चार निवाले पानी के साथ गले से उतारकर काम चलाया।

उत्तरी चिली के 'अन्तोफगास्ता रीजन' (Antofagastaa Region) में आने वाला, कलामा से क़रीबन 106 किलोमीटर दक्षिण-पूरब में स्थित, 'सैन पेड्रो' की छोटी सी बस्ती के बारे में गाइड महोदय ने बड़े तपाक से बताया था—''कास्मोपोलेटिन महानगर और नगर तो आपने बहुत देखे होंगे मगर उन जैसा ही क़स्बा देखने की हसरत रखने वालों को यहाँ ज़रूर आना चाहिए। काश! इस क़स्बे में एक अदद हिन्दुस्तानी रेस्टोरेंट भी रहा होता तो उसकी बात यक़ीनन मान ली होती।''

सूखे ऊँचे पठार की यह बसावट अनेक शताब्दियों में विकसित होती रही है। यहाँ रहने वाले आदि निवासियों की टोकरियाँ और बर्तन बनाने की कलात्मक कारीगरी आज तक सराही जा रही है। 'आताकाम'स' और 'लिंकन-अन्ता' (Atacamas or Likan-anta) नाम से जाने जाने वाले ये लोग आखेटक-खानाबदोशों की क्या मस्त ज़िन्दगी जीते रहे होंगे। फिर, पशु-पालन और थोड़ी खेती का ज़माना आया। आज से चार से दो हज़ार बरस के बीच टिक कर एक जगह रहने के युग में इनकी गुज़र-बसर लामा पालने और मक्के की खेती से होने लगा। क़रीबन चौबीस सौ से उन्नीस सौ साल के बीच यहाँ की खेती अपने चरम पर लहलहाने लगी। चौदह सौ चालीस ईसवी में इस इलाक़े को 'इनका' (INCA—आदिवासी समूह) लोगों ने जीता और उन्हें हरा कर आ जमे यूरोप के देश 'स्पेन' से आए 'स्पैनिश' लोग। और तभी से यहाँ हो रही है 'बाबा पेड्रो' की जय-जय। अब भी यहाँ की आबादी बमुश्किल 3000 की गिनती ही लाँघ पाई है।

कमर सीधी कर लेने के इरादे से बिस्तर पर लेटे-लेटे गाइड-बुक के सफे पलटते रहे। इस निराले नगर तक आने-जाने के लिए अर्जेंटीना की सीमा पर स्थित, 160 किलोमीटर दूर, 4200 मीटर ऊँचा एक दर्रा 'एंडीज़ पर्वत' के आर-पार ले जाता है। वहाँ से आने वाली सड़क पर चलती बसें पैरागुआ तक से जोड़ती आगे जाती हैं कलामा तक। रोज़ ही सान्तिआगो तक आवाजाही वाली बसों का ब्योरा पढ़ते ही ख़यालों के कनकौए मौजी उड़ानें भरने लगे। गुस्ताव म्यूज़ियम, पुराने चर्च, गढ़ी (Quechua Pukara), इन्द्रधनुषी वादी, सफ़ेद बर्फ़ीली टोपी वाले ज्वालामुखी के नीचे चरते लामा, और—नीले जलाशय पर उड़ते-विचरते और लाल रंग के लम्बी नरम और लचकीली गर्दन वाले बेहद सुन्दर ऐंडियन राजहंस या मराल (Andean Flamingo)। बहुत से सैलानी यहाँ बस इन्हें दिन-दिन भर देखने और इनके फ़ोटो खींचने के मक़सद से ही दूर-दूर से आते हैं।

इतना पढ़कर वहीं थम कर अचरज से सोचने लग गया—मानसरोवर के राजहंसों के बारे में बचपन से ही सुनते और निमंत्रण पत्रों पर पढ़ते रहे—'भेज रहा हूँ नेह निमंत्रण प्रियवर तुम्हें बुलाने को, ओ मानस के राजहंस तुम भूल न जाना आने को।' यहाँ भी राजहंस होते होंगे यह तो कभी ख़यालों में भी नहीं आया। कितना कुछ है देखने को, इस वीराने में खो जाने को, ज़िन्दगी रही तो फिर कभी, नहीं तो अगला जनम सही।

योजना बनाई थी—थोड़ी देर में उठकर शहर की गलियों का एक चक्कर मार आएँगे मगर सोचते-सोचते बेसुध सो रहे।

24

3 जून, 2012

जगतव्यापी सोच

आँख खुलने तक साँझ उतर आई। गहराती गई। लगातार चलते, जल्दी जागते, हड़बड़ाते, भागते थके-टूटे-चूर शरीर उठने को नहीं हिले। बची रह गईं दो-चार मठरियाँ और शकरपारे पानी के साथ गटके और दोबारा बिस्तर पर ढेर।

चलने को हुए तो लगा अरे हम तो कुछ भी न देख सके। जल्दी-जल्दी होटल का ही फेरा लगाया। उसकी बनावट में आसपास के परिदृश्य से मिलान की पुरजोर कोशिश झलकती दिखी। झाड़ों और गाछों में छुपी, ज़मीन के रंग में समाती, घास-फूस से सजी-ढकी तिकोनिया झोंपड़ीनुमा छतें। पत्थर की दीवारों वाले प्रवेश-द्वार पर माटी का लेप, ऊपर से सफ़ेदी, छप्पर सा तोरण। रिसेप्शन पर रंगीले झंडे। होटल के सामने खड़ी, हमें एयरपोर्ट ले जाने के लिए आई, सुन्दर सफ़ेद डीलक्स गाड़ी।

दिल में इलाक़े की गहरी छाप समेटे, बहुत कुछ न देख पाने की कसक और लौट के फिर आने की आस लिए वापस चले। चलते हुए नोट किया मकानों और दूसरी इमारतों में लगी लम्बी-लम्बी माटी की ईंटों पर मटमैली मिट्टी का लेपन, पुरानी स्थानीय परम्परा बनाए रखने का एक और उदाहरण।

दूसरी सवारियाँ लेने एक होटल के लौंज में वाहन रुकते ही 'लहुरा वीर' चटक हो गए। काउंटर पर सजी एक स्थानीय प्रस्तर-प्रतिमा की तसवीर उतारने के लालच ने उन्हें चुम्बक सा खींचा। झटपट उतरे, ये गए वो आए।

कल के देखे परिदृश्य उलटी चलती फ़िल्म जैसे सड़क के आसपास से गुज़रते रहे। डाइनोसोर के काँटेदार कूबड़, सॉल्ट रेंज, व्यू-प्वाइंट, दिशा-निर्देशक तीर, साइनेज (सूचना पट्‌ट), ऐंडीज़ पहाड़, सब तेज़ी से पीछे भागते पृष्ठभूमि में समाते गए। खिलौना छिन जाने पर दुखी बच्चों सा मुँह लटकाए 'लहुरा वीर' खिड़कियों से बाहर ताकते जाने क्या-क्या सोचते रहे।

रेगिस्तानी वीराने में बने नन्हे-नन्हे चर्च पर सलीब और बग़ल में फरफराते ध्वज देखते ही याद आया—'दुख में सुमिरन सब करें'। सही-सलामत यात्रा की कामना से 'जीजस' को सुमिरने और आफ़त-विपत से बचने के लिए उनकी छत्र-छाया पाने के इन टोटकों को देखकर, बरबस अपने इलाक़े की दुर्गम पहाड़ियों के जलेबिया मोड़ों, पुलों और दुर्घटना-प्रधान जगहों पर सड़क किनारे बने लघु मन्दिर-मज़ार याद आ गए।

देश-काल ज़मीन-जलवायु से परे आदमी की सोच आश्चर्यजनक रूप से जगतव्यापी दिखती है। वरना कहाँ हैं आताकामा के ये 'वोटिव चर्च' और 'पेट्रोग्लिफ्स' में निरूपित गर्भस्थ 'लामा', और कहाँ कितनी दूर विन्ध्य क्षेत्र और भारत के दूसरे वन-पर्वत-प्रांतर के इसी तर्ज़ पर बने मन्दिर-मज़ार और चित्र।

25

3 जून, 2012

आह! आताकामा

वाह, फिर वही प्यारा कलामा हवाई अड्डा। गिनती के लोग। पसरा सन्नाटा। प्यारा सा नन्हा कन्वेयर बेल्ट। कैफ़े में एक-दो चौकोर टेबल पर एक-दो लोग, बाक़ी की ख़ाली। एक बेंच पर कुछ मुसाफ़िर। चेक-इन की छोटी सी क़तार। कोई आपाधापी नहीं। हवाई पट्‌टी के एक कोने में लाल-सफ़ेद रंग वाले खम्भे पर उसी रंग का हवा का रुख़ दिखलाता लहराता गोल गुब्बारा। उसके नीचे खड़ा पीले-सफ़ेद रंग से रंगा नन्हा जहाज। उसके पीछे हवाई-अड्डे की परिसीमा की काँटेदार तार की फेंसिंग के पार फैलकर उठता, जाना-पहचाना सा लगता सूना-सपाट-सूखा पहाड़।

जितना मासूम, सादा, चुपचाप सा और दिलकश लगता है आताकामा, इसका इतिहास वैसा निरापद नहीं रहा। बवाले जान रहे 'ज़र... ज़मीन' के झगड़ों ने इसे भी नहीं बख़्शा। सन् 1889 के पहले इसका एक बड़ा खित्ता 'चिली' और 'बोलिविया', और कुछ हिस्सा 'पेरू' नामक देशों की सीमा में आता था। बोलिविया के लिए सागर से लगा यह इलाक़ा दुनिया के दूसरे देशों से जुड़ने और समुद्री व्यापार का सम्पर्क बनाए रखता रहा लेकिन एंडीज़ पर्वतमाला के पश्चिम के इस बियाबान में उनके देश के लोग कम ही बस पाए। उधर चिली की उत्तरी सीमा से लगे होने के कारण वहाँ के लोग यहाँ के खदानों और बन्दरगाहों में बड़ी तादाद में बसते गए।

सन् 1840 के बाद दुनिया में उच्च-स्तरीय नाइट्रेट के जमावों (guano's) की उपयोगिता खाद के रूप में और शोरे (साल्ट पीटर) के विस्फोटकों में इस्तेमाल का प्रचलन बढ़ने पर आताकामा इलाक़े में इनके सबसे बड़े भंडार पर क़ाबिज़ इन तीनों देशों (बोलिविया, पेरू और चिली) में इनके ज़रिये 'ज़र' (धन) जोड़ने की होड़ मच गई। लेकिन 1879 तक इस स्पर्धा ने जंग का रूप ले लिया जिसे तवारीखी लिखावटों में 'द वार ऑफ़ द पैसिफ़िक' (The War of the Pacific : प्रशान्त महासागर का युद्ध) के नाम से दर्ज़ किया गया।

एक तरफ़ 'चिली' और दूसरी ओर 'बोलिविया और पेरू'। सन 1883-84 तक समुद्री और ज़मीनी दोनों मोर्चों पर फ़तह हासिल करके 'चिली' ने यहाँ के अन्टोफगाना (Antofagana) बन्दरगाह और कलामा (Calama), तरपका (Tarapaca), तकना (Tacna), एरिका (Arica) सहित पूरे आताकामा पर क़ब्ज़ा कर लिया। जंग के बाद 'चिली' का इलाक़ाई और कौमी दबदबा बहुत बढ़ गया, कमाई भी कई गुना बढ़ी। 'पेरू' और 'बोलिविया' हार से पस्त हो गए। समय बीतने के साथ 'पेरू' के राजनयिकों की सूझबूझ और चिली की समझदारी से 1929 में 'तकना', 1999 में 'एरिका' के खोए भू-भाग और 2007 में पेरू की 'नेशनल लाइब्रेरी' से लूटी गई 4000 किताबों की वापसी से पेरू के घाव धीरे-धीरे भरने लगे।

'बोलिविया' ने बहुत गहरे घाव खाए, व्यवहारिक, भौतिक और भावनात्मक तीनों सतहों पर। सागर-समुद्री व्यापार, आताकामा के मुक़र्रर तौर पर 'चिली' में दाख़िल होने के बाद, 'बोलिविया' की सीमा से लगने वाला सागर का सारा भाग उनके हाथ से निकल गया। खनिज और समुद्री व्यापार की आमदनी गई, शाख तो गई ही, अलावा इसके एक निराली सैरगाह से हाथ धोया सो अलग। यहाँ की बहुत सी मौजूदा समस्याओं को इनसे जोड़ कर देखा जाता है। 'बोलिविया' के अनेक राष्ट्राध्यक्ष समन्दर तक जाने का रास्ता पाने के लिए 'चिली' पर दबाव डालते रहे हैं। इसकी आँच दोनों देशों के राजनयिक सम्बन्धों पर पड़ती रही है। 'बोलिविया'

के अख़बारों में अक्सर इस मुद्दे पर लेख छपते रहते हैं और वहाँ के लोग हर बरस 23 मार्च के दिन 'डे ऑफ़ द सी' (एक दिन समन्दर के नाम) के रूप में मनाते हुए बड़ी हसरत से आहें भरते हैं—**'आह आताकामा।'**

26

3 जून, 2012

ऊनो लूना

सरयूपारीय ब्राह्मणों में शाण्डिल्य गोत्रीय अपने कुल गौरव का बड़ा मान करते हैं और उनमें भी मणी लोगों का तो कहना ही क्या! स्वर्णाभूषण में दपदपाते हीरे के समान। जहाज में 'एक्जीक्यूटिव क्लास' के अधिकारी लेकिन जब देखो तब 'एकोनॉमी दर्जे' में और वहाँ भी जगह मिलती पीछे या सबसे पीछे की क़तार में। यह बात उन्हें अन्दर ही अन्दर कटोचती रहती। इसके चलते क़लामा हवाई-अड्डे के 'वेटिंग लाउंज' के मुलायम सोफ़े पर आसनस्थ रहते उन्होंने जाने कौन सा योग/मंत्र साधा कि 'स्पैनिश भाषा' उनके क़ब्ज़े में आ गिरी।

जहाज में चढ़ने की क़तार में लगे तो मणी जी बढ़कर सबसे आगे खड़े हो गए। एक बार फिर हमें सबसे पीछे की सीटें मिली थीं। हमारा नम्बर आया तो उन्होंने मुस्कुराते हुए बोर्डिंग पास की जाँच करने वाली मोहतरमा के कान में सम्मोहिनी मन्तर फूँका—'ऊनो लूना', 'ऊनो लूना', 'ऊनो लूना' (UNO LUNA–UNO LUNA–UNO LUNA : एक चाँद, एक चाँद, एक चाँद)। और फिर, मोहतरमा पर जाने क्या असर पड़ा कि पल भर में हमें बोर्डिंग के समय बताई गई सीटों 34L और 34K की जगह जहाज की सबसे आगे की क़तार में, खिड़की से लगी मनचाही सीटें 1L और 1K मुबारक हो गईं। मणी जी की मूँछों की फड़कन और आँखों व दाँतों की दमक तनिक सी और बढ़ गई।

इस बार मैंने खिड़की हथिया कर पिछली कसर पूरी करने में चुस्ती दिखलाई। जहाज पटरी पर चला। धरती से उठा, नीचे अपने ही जहाज की नन्ही परछाईं साथ-साथ चलकर खो गई। पहाड़ के हलके भूरे उभार, घाटियाँ और विस्तार पल-पल बदलती चित्रपटी बन गए। खदानें पीछे रह गईं। रास्ते पगडंडियों से दिखे। मन ही मन हमने कहा—'अलविदा कलामा फिर से लौटेंगे।'

धुर दक्षिण की ओर उड़ चले। दाएँ—घाटियों में जल-धाराओं के अगल-बग़ल सलोतर खेत और बाँध का गहरा हरा पानी दिखा। बाएँ—साथ-साथ चलती रहीं पर्वत मालाएँ। पश्चिम में समन्दर की नीली जलराशि तक बढ़ते बरफ़ ढके पर्वत पार होते रहे। सान्तिआगो नजिकाने लगा। हमारी निगाहें घड़ी की ओर घूमने लगीं, समय से पहुँच जाएँ ताकि आगे की फ्लाइट समय से पकड़ सकें।

थोड़ी ही देर में बादलों के बीच से सान्तिआगो उभरने लगा। दो घंटे का रास्ता दस मिनट पहले ही पूरा कर लैन एयर लाइंस के राजहंस (हवाई जहाज) ने हवाई-अड्डे पर पंख पसारकर देर होने की हमारी सारी आशंकाएँ मिटा दीं। झोला-झोरी सँभाले हम सबसे पहले जहाज से बाहर निकलकर निकास की ओर लपके।

हिन्दुस्तानी सफारत के एक साथी ट्रॉली पर हमारा सामान सँभाले मुस्तैद मिले। अन्तर्राष्ट्रीय उड़ान के लिए नियमों के मुताबिक़ हमारे पास समय बहुत कम बचा लेकिन उनकी मेहरबानी से आनन-फानन 'चेक-इन', लगेज सब ठिकाने पर लग गए। उन्हें सलामी मार कर हम लाउंज की दुकानों में यूँ ही खिड़की ख़रीदारी (विण्डो-शॉपिंग) करते समय बिताते रहे।

हमारे जहाज की उड़ान में देर होने की ख़बर पता चलने पर सामने की दुकान में सजी एक कॉफी-बुक पलटते हुए वालपराइसो जाते समय सान्तिआगो के बारे में प्रोफ़ेसर लूसिया से मिल रही जानकारी जिस सिरे पर छूट गई थी उसकी कसर पूरी कर ली—

> 'आसपास के इलाक़े में गाँवों में रहने वालों को चिली वालों ने 'पिकुंचे' (picunches) और 'इनका' लोगों ने 'प्रोमाउकाएस' (promaucaes) नाम दिया। ये लोग पन्द्रहवीं शताब्दी से सोलहवीं शताब्दी की शुरुआत में 'इन्का' लोगों के अधीन रहे। फिर यहाँ आए स्पेनी मूल निवासी पेड्रो दे वल्दिविआ ने सन 1541 में स्पेन के सेंट जेम्स के नाम पर 'सान्तिआगो देल नुएवो एक्सट्रेमो' नाम का शहर बसा कर उसे राजधानी का दर्जा दिया। उसके बाद स्थानीय निवासियों ने इस शहर पर आक्रमण कर दिया लेकिन अन्ततः कोलोनियल ताक़तों की बर्बरता के आगे उन्हें पराजित होना पड़ा। इसके बाद नगर को धीरे-धीरे दोबारा बसाया गया और उत्तरी और मध्य चिली पर स्पेन का अधिकार हो गया। लेकिन वे दक्षिण-मध्य चिली के स्वतंत्र 'मापुचे' (Mapuche) लोगों को नहीं हरा सके। सन 1607 में यहाँ रॉयल कोर्ट की स्थापना हुई। निरन्तर भूकम्पों और स्थानीय लोगों के आक्रमण के ख़तरे के बावजूद शहर तेज़ी से बढ़ता गया। सन 1818 में स्पेनी शासन से मुक्त होने के बाद चिली एक अधिक अधिकारवादी गणतंत्र के रूप में उभरा।'

आगे का विवरण पढ़ते-पढ़ते हमारी उड़ान की बोर्डिंग शुरू हो गई। सान्तिआगो से उड़ कर पूरब का रुख़ किया। ऐंडियन (Andean) के ऊँचे बर्फीले पहाड़ पार किए, फिर अँधेरे में ब्यूनेस ऐरिएस (अर्जेंटीना) उतरे। रिओ-दे-जेनारियो रुककर उड़ते रहे, उड़ते रहे, उन्नीस घंटे से भी ज़्यादा, सोते-जागते, नक़्शे पर देखते—अभी तो पैसिफिक (प्रशान्त महासागर) भी पार नहीं हुआ। मुँह दबा कर फिर से सो गए, फिर नींद टूटी तो नक़्शे पर देखा उत्तरी अफ़्रीका की चाड-लेक के ऊपर से गुज़र रहे हैं। फिर अड़स गए अपनी सीट में।

सुबह जहाज में जाग पड़ने पर उठकर बैठ गए। मणी जी अभी भी अपनी सीट पर तकिये में सिर खपाए खर्राटे भरते दिखे। मैं सोचता रहा—'कम से कम एक बार तो ज़रूर लौटेंगे दक्षिण अमेरिका, अभी बहुत कुछ रह गया है—ब्राज़ील में रिओ-तट और वेनेजुएला के प्रपातों की सैर, अमेजॉन नदी और वनों का जायजा, बोलिविया के फेसबुक फ्रेंड कार्लोस अरामायो से मिलने, पेरू में माचा-पुचरे और कराल घाटी, और हाँ चिली का ईस्टर आईलैंड,...कब पूरी हो पाएँगी ये तमन्नाएँ भी, ऊपर वाला ही जाने।'

थोड़ी देर में दुबई में जहाज उतरने की घोषणा के साथ मणी जी भी ओढ़ना उतारकर बाहर निकल आए। नीचे उतरकर हवाई अड्डे पर जिधर देखो उधर ठठ्ठ के ठठ्ठ हिन्दुस्तानी। देखकर लगने लगा—आ गया अपने छोर पर अपना प्यारा हिन्दुस्तान...।

कुस्तुन्तुनिया

टर्की

1

नाम निराला

सन् 2014 के मई महीने में कुस्तुन्तुनिया (टर्की) जाने का मौक़ा मिलने पर दो-चार लाइनें आपो आप लिख गईं—

‘दूर देश की उस सरहद पर पूरब का दर खुलता है,
जादू वाला एक शहर भी, उस मुक़ाम पर बसता है।

दादा-दादी, नाना-नानी के क़िस्सों में रमता है,
‘कुस्तुन्तुनिया’ नाम निराला कितना रहा लुभाता है।

क़िस्मत ने फिर अपनी सुन ली, न्योता दे बुलवाया है,
इस बखरी की खटपट छोड़ो, वहाँ नज़ारा न्यारा है।’

तब सोचा था कि देखा-सुना दोस्तों से साझा करूँगा लेकिन लौटकर नए झमेलों में उलझ कर अटक-अटक कर ही कुछ लिख पाया।

अगर बसियौटा ना लगे तो थोड़ा-थोड़ा करके अब बयाँ कर दूँ।

2

जेहि बिधि लेखा

बचपन से ही जिन-जिन देशों के क़िस्से पढ़ता-सुनता, सब जगह उड़ आने के सपने देखा करता। उनमें से कुछ सपने तो दिल में गहरे पैठ कर बार-बार दीखते, हसरत जगाते रखते—कभी तो सच होंगे।

चीन की दीवार चढ़ लेने का सपना आई.सी.एच.आर. (इंडियन काउंसिल ऑफ़ हिस्टॉरिकल रिसर्च) की बदौलत सच हुआ। सान्तिआगो (चिली) देखने का सपना छप्पर फाड़कर उतरा, डाक्टर मणी की मार्फ़त, 44 घंटे का सफ़र करके।

सोचा करता अब तीसरा सपना कब कैसे पूरा होगा?

बरस-बरस बीता किए कोई जुगाड़ बनता नहीं दिखा। साठ बरस पर पेंशन पाने की उमर नजिकाई तो 'नज़ीर' की कहन याद आने लगी—'चलने की फ़िकर करो बाबा!' सपने देखने के दिन लद गए। अब कौन पूछेगा बबुआ? तभी अचानक बिना मौसम की बरसात जैसा वो सपना बजरिए ई-मेल आसमान से टपका। दुनिया में चल रहे संस्कृतियों में टकराव के मुक़ाबले 'नेशनल जिऑग्राफ़िक सोसाइटी' के सौजन्य से चल रही 'संस्कृतियों में वार्ता' (डायलॉग बिटवीन वर्ल्ड सिविलाइज़ेशन्स) की मुहिम में मुल्क-ए-टर्की में बिछे दस्तरख़्वान का निवाला पाने का बुलावा मिला।

एक बार फिर से माना, दिल से चाहा सब नहीं तो भी ज़्यादा तो अपना होता ही है। पलक झपकते रज़ामन्दी भेजी, लौटती मेल से नक्की। फिर तो, जब जाते तब जाते, जब-तब मँडराने लगे 'विकीपीडिया' के ज़रिए 'कुस्तुन्तुनिया' पर।

चलने के दिन पास आए। टिकट-होटल सब बुक।

लेकिन वक़्त का बछड़ा पगहा तोड़ाने को तेज़ी से उछला। 'प्रेसिडेंसी यूनिवर्सिटी' से प्रोफ़ेसरशिप का 'ऑफ़र लेटर' उसी वक़्त आया तो फूला नहीं समाया। कोलकाता के कालेज स्ट्रीट पर, देश के इस सबसे पुराने मशहूर कालेज में पढ़ने-पढ़ाने की इज़्ज़त। अहा, यही तो है वो कालेज जहाँ राजेंदर बाबू, दादा अमर्त्य सेन और चाचा चक्रवर्ती जैसे भद्र-जन पढ़कर निकले। अब लगने लगा—रिटायरमेंट के बाद का ठिकाना लखनऊ में नहीं, पन्द्रह सौ किलोमीटर पूरब में ठहरेगा।

उसी दरमियान पाँच सौ किलोमीटर पश्चिम, दिल्ली-दरबार में हाज़िरी लगाने का हुकुम दस्ती मिला। हम तो चुप बैठे देख रहे थे—दिनन के फेर, और जब नीके दिन आए तो ऐसे कि तूरान से बंगाल और दूर दीखती दिल्ली भी लगने लगी पास। असल में, दिल्ली में मिलते-मिलते, कोर्ट-कचहरी के फेरे में उलझ गए। एक रोज़गार के मसले का फ़ैसला भी उसी समय हमारे हक़ में आया और उधर की आशा भी जगा दी।

अब क्या करें, तूरान चलें तो कहीं हाथ आई कलकत्ता और दिल्ली की थालियाँ परे ना सरक जाएँ। फिर, टर्की का वीजा भी अब आया तब आया करते लटका नज़र आया और चलने के दिन भी बचे रह गए दो-चार ही। सोचा, सेमिनार-कॉन्फ्रेंस के मौक़े मिलेंगे बहुतेरे, चलो पहले दिल्ली का दिल ही टटोला जाए।

'नेशनल जिओग्राफ़िया' को इत्तिला भेजी—और भी ग़म हैं यहाँ वीसा के सिवा, इसलिए मेरे आने की गुंजाइश ख़लास समझिए।

3

ताहि घटै

दिल्ली की क्या बताएँ, हर बात निराली।

मामला निचली अदालत से सुलटा तो ऊँची अदालत में उछला। इधर-उधर टटोलने पर एक ही सलाह मिली—यहाँ का कोई भरोसा नहीं, जाने कितना वक़्त लगे।

फिर भटका, फिर से पूरब की ओर बंगाल का रुख़ दीखने लगा। सोच-समझकर महीने के आख़िर तक कोलकाता में डेरा डालने का मन बना लिया और 'प्रेसिडेंसी यूनिवर्सिटी' को इसकी इत्तिला भेजते हुए कहीं रहने-खाने का ठिकाना दिलाने की दरख़्वास्त भी दर्ज करा दी।

थम कर बैठा तो अकुलाया—नाहक टर्की का हाथ आया न्योता ठुकराया। ज़मीन पर उतरा सपना फिर से सपना बन गया। अनमना सा पाँव पसारकर लैपटॉप खोला। बुझे मन से ई-मेल चेक करने लगा तो इनबॉक्स में कई मैसेज एक साथ अवतरित हुए, जिओग्राफ़िया वाले लीड प्रोग्राम ऑफ़िसर—क्रिस (क्रिस्टोफर थॉर्नटन), विस्कॉन्सिन यूनिवर्सिटी के प्रोफ़ेसर मार्क केनोयर और टर्की के बड़े अफ़सरान के। सबका लुब्बो-लुबाब एक ही—ये नाचीज़ अगर कॉन्फ्रेंस में नहीं आया तो मेरे आप्तवचनों से महरूम होकर वे बड़े घाटे में रहेंगे और हमारे हवाई टिकट और दूसरे इन्तज़ामों पर ख़र्च रक़म भी बेकार जाया होगी। दोनों नफ़ा-नुकसानों में से किसका पलड़ा भारी रहा यह समझते हुए भी उनकी शराफ़त की दाद तो देनी ही पड़ी। इस तरह फिर से मिले खोए धन जैसी टर्की जाने की आस नए सिरे से हाथ आई।

लेकिन अब भी वीसा का लटका लगा रहा। ऑनलाइन ई-वीसा-फार्म के लिए ज़रूरी महीनों के भारी बैंक-बैलेन्स और शेनज़ेन वीसा की शर्तें कहाँ से पूरी होतीं। इंटरनेट पर साया टर्की गए सैलानियों के ऑन एराइवल और ई-वीसा की ज़लालतों के तजुर्बों ने भी आगाह किया।

सारा हवाल क्रिस को लिखा तो उसने तसल्ली देते हुए समझाया कि सब्र बनाए रखिए, टर्की में सब होता है लेकिन आख़िरी वक़्त पर। जब दो ही दिन बचे

तो मेरा सब्र छूटने लगा। फिर लिखा तो जवाब अमेरिका से क्रिस का नहीं, टर्की से मुराद और इंटीरियर मिनिस्ट्री के किसी आला अफ़सर का, भारत में टर्की की शफारत को भेजे मैसेज और तुर्की भाषा में लिखे वीसा के साथ, अब भला उसे पढ़ता तो कौन, फिर उसकी स्कैन कॉपी का एक हिस्सा भी नदारद। केनोयर ने ख़बर पाई तो समझ लिया कि 'इंडियन इमीग्रेशन' इस काग़ज़ के भरोसे तो जहाज में चढ़ने नहीं देगा सो उसका तर्जुमा भी भेजने पर ज़ोर डाला।

जाने कहाँ से अकल आई कि कौन पड़े ई-वीसा और तुर्की-वुरकी के पचड़े में, क्यों न कल चलकर 'तुर्की एम्बेसी' में ही हाथ आज़मा लिया जाय। फ़ोन करने पर लगा वीसा-अफ़सर मेरा इन्तज़ार कर रहा है। जाते ही हाथोहाथ लिया, वीसा-फ़ीस भी माफ़, आनन-फानन 'ग्रैटिस-वीसा' सहित पासपोर्ट हाज़िर। मगन मन केनोयर और क्रिस को इस्ताम्बुल (कुस्तुन्तुनिया) में देखा-देखी का पैग़ाम भेजा।

कुछ देर से, केनोयर का दिल-मसोस जवाब आया अस्पताल से—'माइनर हार्ट अटैक' के चलते टर्की में न मिल पाने का मलाल रहेगा, मगर वहाँ पाकिस्तान से आ रहे क़ासिद मल्लाह से मिलना ना भूलें।'

दिल्ली की अदालत और दरबार के मसले वहीं पटके, सामान समेटते हुए फेसबुक पर हाल-ए-दिल चस्पा किया—

क़िस्मत ने फिर अपनी सुन ली, न्योता दे बुलवाया है,
इस बखरी की खटपट छोड़ो, वहाँ नज़ारा न्यारा है।

जिनका जाना पक्का था, नहीं जा पाए, और जिनके जाने के इरादों पर उलट-पलटकर दरांती चली, वो आख़िर 3 मई, 2014 को सुबह 6 बजे 'टर्किश एयरवेज' की ख़ातिरदारी में 4560 किलोमीटर के हवाई सफ़र पर, सात घंटे के लिए उड़ लिए।

4

3 मई, 2014

हवालिमानी

बग़ल की सीट पर विराजमान भद्र-पुरुष दोनों हाथों की तर्जनी उठा-उठाकर अपने पास की विंडो-सीट पर बैठीं सुशोभिता शुभ्रा सहयात्री को गांधी के बाद के भारत

में प्रभावी तत्त्वों पर टिपिकल बांग्ला अन्दाज़ में लम्बा भासन देते रहे। थोड़ी देर बाद उनका ध्यान मेरी ओर घूमा तो टर्की जाने का सबब पूछा। बातों-बातों में उनके स्वतंत्र स्थापित स्तम्भकार होने का पता चला। एक तो बेंगाली मोशाय, ऊपर से पत्रकार। सुनते ही चुरकी सटक गई।

मेरी वृत्ति और सेवा से निवृत्ति की जानकारी पा कर पूछने लगे कि आगे क्या करने का इरादा है? थोड़ा और गहरे उतरे, और जब जाना कि वे 'प्रेसिडेंसी कालेज', कोलकाता की ही उपज हैं तो उन्हें दो-चार कराया प्रेसिडेंसी यूनिवर्सिटी में पढ़ाने के अवसर और दूसरी सरकारी सेवा के विकल्प में से किसी एक को चुनने की दुविधा से। जिसे सुनकर वे बेबाक बोले—"बिना बिचारे प्रेसिडेंसी ज्वाइन करो, बड़ा वॉयब्रैंट बाताबरन मिलेगा। सरकारी नौकरी में कितना ही ऊँचा सीट हो, बाबू लोगों का बेबात दख़लन्दाज़ी जुरूर रहेगा।" उनकी इस नसीहत पर मैं बोला तो कुछ नहीं लेकिन देर तक अन्दर ही अन्दर उसे गुनता-जोड़ता-घटाता रहा।

उतरने की तैयारी में जहाज चक्कर लगाकर इस्ताम्बुल के समन्दर पर मंडराने लगा। नीचे समन्दर के क्रीक में हिलोरें मारते नीले जल-विस्तार के आर-पार आते-जाते क्रूज़ नज़र आने लगे। बाबू मोशाय पहले भी यहाँ घूम गए थे, उन्होंने इस्ताम्बुल का बाज़ार घूम लेने और क्रूज़ की सवारी का लुत्फ़ उठाने की सलाह दी।

साढ़े छह घंटे का फ़ासला पार करके तुर्की के वक़्त के मुताबिक़ सुबह साढ़े दस बजे से कुछ मिनट पहले ही विमान गोता लगाकर समन्दर के किनारे ही कुछ ऊँचाई पर बने रनवे पर दौड़ने लगा। सामने तुर्किश एयर लाइंस के जहाजों की क़तार नज़र आई। उतरे तो बाबू मोशाय आगे अंकारा की उड़ान के लिए बढ़े, कुछ दिन अपनी बेटी और जमाई बाबू के साथ बिताने के वास्ते।

क्रिस के ई-मेल ने जिस भीड़भाड़ के लिए आगाह किया था वह कहीं नहीं दिखी। उनसे मिली सलाह के मुताबिक़ इमिग्रेशन से बाहर निकलकर असबाब (बैगेज) सम्भालने में आसानी हुई लेकिन आगे किसी आयोजक के ना मिलने पर आग़ा का फ़ोन नम्बर टटोलने की सलाह आज़माने की नौबत नहीं आई। निकास के बाहर एक तख़्ती पर हमारा नाम उठाए एक वालंटियर ने लपककर अगवानी की। उसी समय जॉर्डन से आए नुमाइन्दे प्रोफ़ेसर सलह ज़र्रार भी हमारी ही सवारी के साथी बने।

अभी हम अतातुर्क हवालिमानी (एयरपोर्ट) का बोर्ड पढ़ते पोर्टिको भी नहीं लाँघ पाए थे कि टर्की-पोलीस के स्मार्ट जवानों ने रोक लिया। गाड़ी के काग़ज़ नहीं थे, पूछताछ करने के बाद गाड़ी सहित हमारा फ़ोटो खींचकर जब उन्होंने हमारा पासपोर्ट माँगा तो अपन तो उनकी हरकतों का मज़ा लेते रहे, लेकिन प्रोफ़ेसर साहब

का पारा चढ़ गया—"वो हमारा फ़ोटो कैसे ले सकते हैं, हमारे पासपोर्ट कैसे स्कैन कर सकते हैं वो? हमें क्या समझते हैं वो? अभी और इसी वक़्त यहीं से वापस अपने मुल्क वापस जा सकता हूँ मैं। वो हमसे आतंकवादियों की तरह पेश आ रहे हैं। मैं बड़े अफ़सरान से बात करूँगा।" (How can they take our photographs and scan our passports ? What are they thinking about us? I can go back right now to my country. They are treating us like terrorists. I shall complain to the authorities.)

वालेंटियर और गाड़ी के ड्राइवर के चेहरे पर हवाइयाँ उड़ने लगीं। बड़ी बेचैनी से बार-बार मोबाइल पर टर्किश में ना जाने किसे-किसे खटखटाने लगे। फिर, एक टैक्सी लेकर चले तो टर्की पोलीस को कोसते हुए हमसे माफ़ी माँगते नहीं थके। ऐसे ही कुछ हादसे पुलिस वालों को बदनाम करने में कसर नहीं छोड़ते, चाहे वो टर्की की पुलिस हो या कहीं और की।

मेरी निगाह कुछ देर एयरपोर्ट के नाम के 'हवा लिमानी' पर टंगी रह गई। हवा से हवाई और लिमानी अड्डा होना चाहिए, तो इसका तर्जुमा हुआ—हवाई अड्डा (विमान पत्तन)। तुर्की-बतुर्की तुर्की बोली के कुछ-कुछ लफ़्ज़ जाने सुने लगने लगे।

तो, सचमुच ही पहुँच गए सपनीले कुस्तुन्तुनिया शहर के कूचे पर।

5

3 मई, 2014

चूड़ियाँ, बिन्दिया और हिना

समन्दर के किनारे-किनारे इस्ताम्बुल (कुस्तुन्तुनिया) शहर की ओर बढ़ते, अग़ल-बग़ल आगे-पीछे सब नया और अनदेखा, झाँक-ताक कर आँखों में समेटते रहे। प्रोफ़ेसर सलह ज़र्रार की पेशानी अब भी चढ़ी रही, जाने क्या मंसूबे लेकर चले होंगे और यहाँ आते ही ख़ुशआमदीद नहीं, ख़ैरमक़दम नहीं, ऊपर से ऐसा बरताव और कारों की क़तार थोड़ा सा सरकती फिर थम जाती, फिर चलती, फिर रुक जाती। ज़र्रार साहब संजीदा ही बने रहे।

जगह-जगह 'मुस्तफ़ा केमाल अतातुर्क' की 'टॉलर दैन लाइफ़ साइज़्ड' तसवीरों के होर्डिंग्स, जदीद और पुराने दोनों ही चलन की इमारतें। तभी, बाजू वाली इमारत पर लगे नोटिस बोर्ड पर लिखा दिखा—'वक़िफ़ बैंक' (Vakif Bank) जाना-समझा लगा। मुझे बरबस लखनऊ के 'वक़्फ़ बोर्ड' याद आ गए। मतलब समझने के लिए ज़र्रार साहब से पूछा तो वे अपने में आए। जाने-पहचाने लफ़्ज़ों की बात सुनकर उनके चेहरे की रौनक लौट आई। कहने लगे हिन्द में बोले जाने वाले अरबी लफ़्ज़ों की एक फ़ेहरिस्त बनाने के प्रोजेक्ट पर अच्छा काम किया जा सकता है।

यूरोपियन सैलानियों की चहलक़दमी देखते, हलकी ऊँचाइयों पर सजे ख़ूबसूरत मकानों की क़तारों के साथ-साथ घूमते पश्चिमी इस्ताम्बुल के पूर्वी सिरे की ओर बढ़े। कार की खिड़की से झाँकते साफ़-सुथरी सड़कों पर कहीं-कहीं नोटिस बोर्ड पर लिखी इबारतों के 'वक़िफ़ बैंक' (Vakif Bank) जैसे जाने-पहचाने लफ्ज़ों पर निगाह अटक जाती। ज़्यादातर चेहरे भी देखे-देखे से लगते। लड़कियों के हिजाब और जींस-टी-शर्ट वाले पहनावे से यहाँ चल रही इस्लामी और पश्चिमी तहज़ीबों की गलबाँही का अन्दाज़ा मिला। दूर तक फैले शहर की इमारतों के बीच ऊपर उठती मस्जिदों की मीनारें और कोलोनियल बिल्डिंग्स के सिरे एक अलहदा नज़ारे बनाते, यह बताते दिखे कि आप पश्चिम एशिया के एक मुल्क में हैं। ऊँचाइयों पर लहराते लाल परचम टर्की की ख़ास क़ौमी पहचान क़ायमं करते दीखते।

क्रिस थॉर्नटन ने अपने एक ई-मेल में जिस 'नोटोरियस ट्रैफ़िक' के बारे में आगाह किया था उसे रूबरू देखकर सोचता रहा अगर इसे ही 'नोटोरियस' कहा जाये तो बनारस-दिल्ली के चिल्ल-पों में बिना बात चीखते-बजते तरह-तरह के हॉर्न वाले ट्रैफ़िक को क्या कहेंगे?

एक क़तार में क़रीने से ख़ामोश रेंगती कारों की लम्बी लाइन में रेंगते आख़िर 'ऑर्टकोय प्रिंसेस होटल' में डेरा पड़ा—उस मुक़ाम पर जहाँ से एक ओर दीखता है इस्ताम्बुल के यूरोपियन और एशियन खित्तों को जोड़ने वाला लहराते समुद्री पानी पर झूलता लोहे का बहुत लम्बा पुल। साथ में दिखती होटल के कमरे से नीचे सड़क से गुज़रती सवारियाँ, और पास ही ऊँची पुरानी मस्जिद का नज़र आता नज़ारा।

हमारी मदद के लिए लगाई गई कालेज में पढ़ने वाली वालंटियर यह जान कर कि मैं इंडिया-हिन्द से आया हूँ चिहुँककर बोली—

"इंडिया हमें बहुत पसन्द है, एक बार वहाँ जाने की बड़ी ख़्वाहिश है।"

मैंने पूछा—"क्या पसन्द है इंडिया का?"

वो आँखें चमकाकर दीवानगी जताती बोलती ही चली गई—"बॉलीवुड की फ़िल्में, सलमान ख़ान और आमिर ख़ान। चूड़ियाँ, बिन्दिया और हिना।"

मैंने पूछा—"ये हिन्दी-उर्दू कहाँ से सीखी?"

"पाकिस्तानी साथियों से, कालेज में साथ पढ़ते हैं।" वह एक बार फिर से चहक कर बोली।

6

अतातुर्क

वालंटियर के साथ मोबाइल में सिम लगवाने निकले। इसी बहाने थोड़ी टहल हो गई। जितना देखा उतना शहर मुस्तफ़ा केमाल अतातुर्क के इश्तहारी बोर्ड, बुतों और उनके नाम वाले संस्थानों के नाम के साए में उसी तरह बढ़ता दिखा जैसे हमारा मुल्क़ कभी नेहरू जी के प्रभामंडल में दिखता रहा।

होटल के सामने की सड़क पर सवारियों का आना-जाना रुक-रुककर चलता दिखा। लॉबी में आते-जाते एक टेबल पर एक रिसेप्शनिस्ट नज़र आता। रतजगे से उनींदे कमरे में आकर कुछ देर खिड़कियों से झाँक कर देखा, एक ओर मीनार, सामने नयी इमारत पर खपरैल का ताज, नीचे सड़क का नज़ारा, आजकल बहुत आसान हो गया है सब मोबाइल फ़ोन के कैमरे में संजो लेना।

एक नींद लेकर जागा तो वीकीपीडिया की मार्फ़त ज़हन में मँडरा रहे मुस्तफ़ा केमाल अतातुर्क के बारे में तफ़सील टटोलने बैठ गया—'मुस्तफ़ा' से 'केमाल' से 'अतातुर्क' तक उठने की उनकी लम्बी कहानी जानी तो लगा—एक आदमी की रहनुमाई किसी मुल्क और जमात को क्या से क्या बना सकती है।

आज से क़रीब साढ़े पाँच सौ बरस बीते, उस्मान ग़ाज़ी ने कांस्टेंटिनोपल (इस्ताम्बुल) फ़तह करके अपनी सल्तनत क़ायम की। नाम बिगाड़ने में अंग्रेज़ों के क्या कहने, उस्मान या ओस्मान तो बोला नहीं गया, ज़ुबान तोड़कर बोलने लगे 'ऑटोमान', फिर ज़बर के पीछे लग ली सारी दुनिया, 'सल्तनत-ई-उस्मान' मशहूर हुआ 'ऑटोमन एम्पायर' के नाम से।

आगे चलकर बाजै लगे, याकै 'सुलेमान आलीशान'। उनके सल्तनत की सरहदें फैल गईं पूरब में फ़ारस, उत्तर-पश्चिम में हंगरी, दक्खिन में मिस्र, और उत्तर में अपनी रामायणी कैकेयी वाले काकेशश तक। उनके जहाजी दस्ते भूमध्य सागर, लाल सागर और फ़ारस की खाड़ी में दनदनाते घूमते। तालीम, टैक्स और जुर्म के

मामलों में सुलेमान के क़ानून, उनके इन्तकाल के बाद भी, लम्बे वक़्त तक चले। शायरी और सोनारी में भी उनका ख़ासा दख़ल रहा। हुनर, अदब और इल्म-इ-तामीर को बड़ा बढ़ावा मिला।

'ऑटोमन सल्तनत' की जद्दोजेहद पर अंकुश लगाया 1683 में विएना की जंग में मिली हार ने। रही-सही चमक उतरी 1918 में पहले वर्ल्ड वार में हारने के बाद। इत्तेहादी ताक़तों ने इसको कई टुकड़ों में बाँट दिया।

डूबे से उबारा इस खित्ते को 1881 में जन्मे 'मुस्तफ़ा' ने। मैथ्स पढ़ाने वाले उस्ताद ने उनकी काबिलियत के मद्देनज़र नाम रखा 'केमाल', इस तरह उनका नाम पड़ा—'मुस्तफ़ा केमाल'। बचपन से ही फ़ौजी तालीम लेकर, 1899 में 'ऑटोमन मिलिट्री अकादेमी' और कालेज में पढ़कर 1905 में ग्रेजुएशन किया। पहले वर्ल्ड वार के वक़्त फ़ौजी अफ़सर रहे। 'ऑटोमन एम्पाएर' की शिकस्त के बाद तुर्की की जंग-इ-आज़ादी की रहनुमाई करते हुए अंकारा में सूबाई सरकार बनाकर संयुक्त ताक़तों को हराया। फिर, 29 अक्टूबर 1923 को 'रिपब्लिक ऑफ़ टर्की' की मुनादी की। उस बरस दुनिया के सबसे मशहूर रिसाले 'टाइम' के ऊपरी सफे पर साया उनकी तसवीर पर लिखा गया : Mustafa Kamal Pasha—Where is a Turk his own master? (मुस्तफ़ा केमाल पाशा—जहाँ एक तुर्क अपना ही मालिक है?)

साप्ताहिक 'टाइम', 1923 के कवर पर मुस्तफ़ा केमाल पाशा की तसवीर

अंकारा शहर को दारुल हुकूमत का दर्जा मिला। पुराना ख़लीफ़ा राज ख़त्म, आईन (संविधान) का राज़ क़ायम हुआ। मज़हब और सियासत के रास्ते जुदा हुए। तालीम को ख़ास तवज्जो मिली। नया सेक्युलर क़ानून आया। पुरज़ोर ख़िलाफ़त के बाद भी साइंस और बढ़ती हुई तहज़ीब के लिए ग़ैर ज़रूरी समझे गए रवायत बन्द हुए। औरतों-मर्दों के साथ-साथ बढ़ने के रास्ते, म्यूज़ियम के दरवाज़े और प्राचीन अनातोलिआ के इतिहास के पन्ने खोले गए। तुर्की भाषा को लिखने के लिए अरबी की जगह लैटिन अल्फाबेट की मदद से बने नए तुर्की हर्फों और मर्दों के लिए पश्चिमी ड्रेस कोड का चलन चला। दो ही बरस में पढ़े-लिखों की तादाद 10 फीसदी से बढ़कर 70 फीसदी से ज़्यादा हो गई। अंकारा में यूनिवर्सिटी खुलवाई और इस्ताम्बुल की पहले वाली को आगे बढ़ाया। ब्रिटेन-रूस-ग्रीस-दक्षिण पूर्वी यूरोप की बाल्कन पहाड़ियों के मुल्कों (रोमानिया-युगोस्लाविया वग़ैरह)—अफ़ग़ानिस्तान-ईरान से तालमेल बनाया। सरकारी कारख़ाने लगवाए। बड़ी तादाद में उपजने वाली तम्बाकू पर काबिज़ ग़ैर-मुल्कियों से फ़ुर्सत पाई, कपास की उपज, चीनी जैसी देशी जिंसों से जुड़े उद्यमों को बढ़ावा दिया, बैंक खोले, बड़े पैमाने पर रेल-रोड-पुल के जाल बिछाए। ज़मीनी मोटरकार से आगे आकाश की ताक़त कूत कर हवाई दस्ते और उन्हें बनाने वाले कारख़ाने की बुनियाद रखी।

निजी फ्रंट पर मुस्तफ़ा केमाल का एक नहीं, दो नहीं, चार-चार मोहतरमाओं से मोर्चा पड़ा। गोद लिए तेरह बच्चों में से सबीहा नाम की एक बच्ची ने तुर्की ही नहीं पूरी दुनिया की पहली लड़ाका महिला हवाबाज़ बनने का नाम कमाया।

आख़िर तो एक दिन सबको जाना है, उनका भी पयाम आया। 10 नवम्बर, 1938 को, केवल सत्तावन बरस की उमर में ही वे नहीं रहे। लेकिन देखिए जो काम लोग सौ बरस पार करके नहीं कर पाते, मुस्तफ़ा उन्हें करने का कमाल कर गए। क्या शानदार शख़्सियत और कैसी नायाब कामयाबी।

जाते-जाते भी अपनी जायदाद का ज़्यादा हिस्सा सामाजिक सरोकारों के नाम वसीयत कर गए। इसीलिए टर्की ने उनकी यादें संजोईं 'हवालिमानी' से लेकर बन्दरगाहों और दीगर संस्थानों के नामों में, जगह-जगह लगे ऊँचे घुड़सवार बुतों में। सरकारी इमारतों-स्कूलों के दर्जों, स्कूली किताबों, बैंक की नकदी पर और बहुत से घरों के ड्राइंग-रूम में साया तसवीरों में। हर साल 10 नवम्बर को, ठीक उनके जाने के वक़्त पर, समूचा टर्की एक मिनट के लिए जहाँ का तहाँ थम कर उन्हें याद करता है। हिन्दुस्तान सहित दुनिया भर के मुल्कों ने उनकी याद संजोई अपनी सड़कों, बागों, वनों, बगीचों, यादगारों के नामकरण, अवार्ड और अलंकरणों में।

इतना सब जान कर ही समझ पाया कि टर्की गणराज्य के पहले राष्ट्रपति को, 1934 में वहाँ की पार्लियामेंट ने 'अतातुर्क' (फादर ऑफ़ दी तुर्क्स : तुर्कों के

पिता; वैसे ही जैसे अपने बापू कहलाए राष्ट्र-पिता) की पदवी से नवाज़ने और आगे किसी को वह ओहदा नहीं दिए जाने का कलमतोड़ फ़ैसला यूँ ही नहीं ले लिया, और उनका पूरा नाम 'मुस्तफ़ा-केमाल-अतातुर्क' क्यों और कैसे पड़ा।

7

3 मई, 2014

मुलाक़ात

खिड़कियों के परदे खिसका कर नीचे रेंग रही कारों की क़तार और आसपास का मुआयना ही कर रहे थे जब नेशनल जिओग्राफ़िया के लीड प्रोग्राम अफ़सर क्रिस थोर्नटन, पी-एचडी. का पैग़ाम ई-मेल पर उतरा :

> सभी प्यारे! (प्यारियो!)
>
> बराय मेहरबानी, शाम छह बज कर तीस मिनट पर, डिनर के वास्ते, बसों पर सवार होने के लिए, होटल की लॉबी में जुट जाएँ।
>
> मर्दों के लिए ड्रेस कोड होगा—बिज़नेस, यानी बिना टाई के डिनर जैकेट।
>
> प्यारियों (औरतों) को कोई ड्रेस सुझाने के बारे में सपने में भी ना सोच पाने की मजबूरी जताते हुए, उनकी मर्ज़ी पर छोड़ा गया।

अपने राम तो आए ही थे बिना तैयारी के, और अगर तैयारी करके भी आते तो कौन सी मुरई उचार लेते। निपट गँवई मनई, ई बिलायती चलन क्या खा कर जानते। काहे की शरम, जिस साउथ एशिया की नुमाइन्दगी करने चला उसकी ज़्यादा आबादी का पहनावा तो रहता है कमोबेश अपन जैसा ही।

लॉबी में आया तो एक-एक कर वो सारे चेहरे नमूदार होने लगे जिनके नाम जब-तब ईमेल के ज़रिए आते रहे थे—मेसुत (मसूद), चेम, मुहम्मेत आग़ा (मोहम्मद आगा), मूरत (मुराद), बसाक—सब के सब अपने शहर के किसी मोहल्ले से आए लगे, फ़रक दिखा तो बस बोली-भाषा में। वीसा-एपिसोड के चलते सब मेरे नाम से वाक़िफ़ निकले, बिना डाक्यूमेंट के सीधे वीसा जारी होना वहाँ भी मामूली बात नहीं।

दूर के मुल्कों से डायलॉग में भागीदारी के लिए आए अपने-अपने इलाक़े के माहिर पुराविद—जापानी मूल के लम्बे चेहरे वाले एरिज़ोना, यूनिवर्सिटी के स्कूल ऑफ़ एंथ्रोपोलॉजी के प्रोफ़ेसर ताकेशी इनोमाता; कोलम्बिया से आए मानव विज्ञानी और फ़ोटोग्राफ़र कपरचट कद्दावर डॉ. फाबिओ अमादोर; मेसोपोटामिया-सीरिया-ईराक़-यमन में खोज कर चुकी कैम्ब्रिज यूनिवर्सिटी में लेक्चरर, चश्मे से झाँकती चमकती मुस्कुराती आँखों वाली डॉ. ऑगस्टा मक्महोन; यूसीएल, लन्दन वाले अमरीकी डॉ. डोरियन फुलर की चिड़िया सी चहकती चीनी बीबी डॉ. लिंग क्विन (Ling Qin); छोटे क़द-काठी के रेड इंडियंस जैसे नाक-नक़्श वाले येल यूनिवर्सिटी में एंथ्रोपोलॉजी के प्रोफ़ेसर, 'माया संस्कृति' के विशेषज्ञ डॉ. ओस्वाल्डो चिनचिल्ला; ब्रिटिश म्यूज़ियम में काम कर रही वादी-ए-नील, मिस्र की तहज़ीब पर महारत हासिल कर चुकी ख़ूबसूरत डॉ. रेनी एफ फ्रीडमैन; इदाहो स्टेट यूनिवर्सिटी से आए ग्वाटेमाला के 'माया संस्कृति' के माहिर, औसत से ज़्यादा लम्बी-चौड़ी हस्ती के मालिक प्रोफ़ेसर रिचर्ड हानसेन; स्टैनफोर्ड यूनिवर्सिटी से आई गम्भीर मुख-मुद्रा वाली चीनी पुरातत्त्व की जानकार प्रोफ़ेसर ली लिउ; छोटे क़द के दुबले-पतले चुलबुले, ख़ुशदिली से बढ़कर, हँसकर, मिलने वाले एंड्रू हावले, नेशनल जियोग्राफ़िक की तरफ़ से मुक़र्रर पूरे हफ़्ते सोशल मीडिया पर ट्वीट करने के लिए, नतीजन मौक़ा मिलते ही वे मोबाइल फ़ोन पर अँगुलियाँ नचाते खेलते से मगन दीखते। उनका साथ देने का ज़िम्मा सँभालते दिखे उनसे तक़रीबन दूने क़द के मूरत (मुराद) टोपालगलू। दोनों की बदौलत हम सब का तज़किरा और तारीफ़ सारी दुनिया में इंटरनेट पर साया होने लगी। और हमारे कार्यक्रम के आयोजक लम्बे क़द के सदा मुस्कुराते, बचकाने शरारती चेहरे और पुष्ट काया वाले ख़ुशदिल क्रिस थॉर्नटन, मार्क केनोयर और क़ासिद मलाह के ना आ पाने पर अफ़सोस जताते मिले।

लॉबी के एक किनारे डेस्क पर सजी एक ही किताब 'रिवर फ्लोज़ वेस्टवर्ड', मतलब—यूरोप को तहज़ीब सिखाई तुर्की ने (यानी, आम धारणा के प्रतिकूल, तहज़ीब या संस्कृति की धारा पश्चिम से पूरब की ओर नहीं वरन् पूरब से पश्चिम की ओर बहती है)। उसी तर्ज़ पर, जैसे हम गाहे-बगाहे दावा ठोंकते रहते हैं दुनिया भर का खलीफा होने का। 'कोलोनियल हुकूमत' से उबरे मुल्कों में ग़ुलामी की कोख से उपजे ऐसे जज़्बात कितने मिलते-जुलते मिलते हैं।

लोग एक-दूसरे से लपक-लचक कर मिलते रहे। अपन ज़रा संकोच में, देर से खुल पाने की झिझक में, बस देखते रहे, उनसे मिले जो तपाक से ख़ुद ही आ मिले अपने-अपने विज़िटिंग कार्ड पेश करते हुए। अपने पास तो रिटायरमेंट के बाद से कोई मुक्कमल पहचान भी नहीं रही, धीरे से कहता कि कार्ड कैरी नहीं कर रहा।

प्रोफ़ेसर सलह ज़र्रार के साथ एयरपोर्ट से ही हो गया था। देखते ही तपाक से मिले। लिंग क्विन की मार्फ़त डोरियन का भेजा सलाम-सम्मान मिला। ली लिउ का चेहरा और पहचान उनके एक लेख की बदौलत हो गई।

कुछ ही देर में लॉबी गुलज़ार हो गई। सब के सब बातों में मगन, डिनर के लिए निकलने की तो किसी को याद ही नहीं रही। पोर्टिको में दो-दो कोच-वाहन सट गए, फिर भी कोई नहीं खिसका, साढ़े छह का खटका सात पार कर गया तो ज़नाब क्रिस हरकत में आए, मान-मनुहार-दरखास्त के बाद ख़रामा-ख़रामा सब अपने-अपने लटके-झटके के साथ कोच में सवार हुए।

8

3 मई, 2014

यिल्दिज़ पार्क

शाम ढलते शहर जागने लगा। रुकती-सरकती कारों की बीम-लाइट में सराबोर कूचों के किनारे की इमारतों की जगमगाहट उभरने लगी। अनजाने रास्ते पर ताकते धीरे-धीरे बढ़ते हुए ताकने-तज्वीजने का लुत्फ़ उठाते रहे।

मुश्किल से दो से ढाई किलोमीटर का फ़ासला पौन घंटे में पार करके 'यिल्दिज़ पार्क' के ऊँचे फाटक में दाख़िल हुए। क़रीने से कटी-बनी लहरियादार सड़क ख़ूबसूरत पार्क की पहाड़ियों पर घुमाती हरी-भरी ढलानों के बीच से एक दिलकश कोने में सजे 'किओस्क' (Çadir Kösk) पर ले गई।

सामने नहर में तैरती बत्तखें, किनारों पर पानी की सतह तक झुकी जाती झाड़ों की डालियाँ। इन्तज़ार में मौजूद मेज़बान, पुरानी पहचान वालों के बग़लगीर हो, गरमागरम ख़ुशआमदीद करते किओस्क की और ले चले। और किसी से तो अभी हिल-मिल नहीं सका था सो प्रोफ़ेसर सलाह ज़र्रार के सामने जा जमा। वहाँ बह रही तुर्की-अरबी कहाँ पल्ले पड़ती, बस लफ़्ज़ों के उतार-चढ़ाव सुनता इत्मीनान से आसपास का मुजरा लेता रहा।

डिनर शुरू होने तक किओस्क पूरी तरह से लोगों और बातों की गरमाहट से भर गया। कुछ देर बाद असरदार शख़्सियत वाले दो-तीन लोग प्रोफ़ेसर सलह ज़र्रार को ढूँढ़ते हुए हमारी टेबल तक पहुँचे तो प्रोफ़ेसर ज़र्रार ने उठकर उनका ख़ैर-मक़दम किया। उनमें शामिल थे टर्की में डायलॉग के सबसे अहम आयोजक

और टर्की के वज़ीरे आला के ख़ास सलाहकार प्रोफ़ेसर बकीर करलीगा। प्रोफ़ेसर सलह ज़र्रार उनसे बातें करते एक बार फिर तमतमाए, थोड़ा तैश में आए, फिर मेरी ओर इशारा करते हुए उन्हें एयरपोर्ट की पुलिसिया कारस्तानी बताते रहे। बातों-बातों में आया मेरा और हिन्द का ज़िक्र समझ में आया। प्रोफ़ेसर बकीर और उनके साथ के लोग बड़ी संजीदगी से सुनते रहे, लगा मामले को ज़रूरी अहमियत दी जाएगी, पूरी ख़बर ऊँचे हुक्मरानों तक जाएगी।

यूँ तो पूरी टेबल ही तरह-तरह के लज़ीज़ खाने की तश्तरियों और डोंगों में सजी थी लेकिन अपने मतलब की रोटी के तो चन्द गस्से ही हाथ आए, जिन्हें किसी तरह पेप्सी के साथ गले से उतारा।

लौटते वक़्त लोग बस का इन्तज़ार करते दिखे तो पार्क से होटल प्रिंसेस तक का रास्ता रेकी कर चुके कुछ साथियों के साथ पैदल ही लौटकर, कम से कम पैंतालीस मिनट ट्रैफ़िक जाम में फँसने के बजाय, रास्ते का लुत्फ़ उठा लिया।

9

4 मई, 2014

रिवर फ़्लोज़ वेस्टवर्ड्स

इफ़्तिताही तक़रीब (ओपेनिंग सेशन) का दावतनामा दो बड़ी हस्तियों की जानिब आया—पहले ठहरे टर्की के प्रधानमंत्री के ख़ास सलाहकार और 'टर्किश कोऑर्डिनेशन कमेटी ऑफ़ अलायंस ऑफ़ सिविलाइज़ेशन' के सदर प्रोफ़ेसर बकीर करलीगा, और दूजे 'नेशनल जियोग्राफ़िक सोसाइटी' के नायब सदर मिस्टर टेरी डी गर्सिआ।

डायलॉग को कामयाब बनाने में हमशरीक दिखीं टर्की की 'कल्चर और टूरिज़्म मिनिस्ट्री', 'इस्ताम्बुल मेट्रोपोलिटन म्युनिसिपैलिटी', 'बेलकिंट यूनिवर्सटी', 'बहसेसेहिर यूनिवर्सिटी' (Bahçesehir University), 'फतेह सुलतान मेहमेत फॉउंडेशन यूनिवर्सिटी', 'टर्किश हिस्ट्री इंस्टीटूशन' और 'मेदाम', अपने-अपने अलग 'लोगो' (प्रतीक चिन्हों) के साथ।

डायलॉग के आग़ाज़ के लिए चुना गया टर्की के नायाब जलसाघरों में से एक, ख़ूबसूरती से सजे 'कॉन्सर्ट हाल' की बेहतरीन इमारत को। पारम्परिक शास्त्रीय संगीत के लिए ख़ास तौर पर तामीर कराये गए इस जलसाघर का नाम पड़ा है टर्की के मशहूर कम्पोजर 'केमाल रेसिट रे' (कमाल राशिद रे) के नाम पर। कुल 860

लोगों के बैठने की गुंजाइश वाले 1989 में खुले इस जलसाघर को, 'इस्ताम्बुल मेट्रोपोलिटन म्युनिसिपैलिटी' की देखरेख में चलाती है 'कल्चर कम्पनी' (Kultur company)। इसे नए सिरे से सँवारने में 2007 के साल में इस पर हुए तीस लाख अमरीकी डॉलर का ख़र्च ही इसकी शानो-शौकत का बयान करने को काफी है। लग्ज़री-कोच से वहाँ उतरा तो एकबारगी देखता ही रह गया। थोड़ी देर यूँ ही टहलते जलसाघर का जायजा लेते, तसवीरें संजोते बीता। वहाँ के माहौल और एक दूसरे से वाकिफ़ या नयी-नयी वाकफ़ियत की गरमाहट में लिपटे मेहमान गोल मेज़ों के चारों ओर घेरा बनाए खाने-पीने में मशगूल रहे। ऐसा जलसाघर अपने मुल्क में या और भी जहाँ-जहाँ देखने का मौक़ा पाया, कहीं नहीं दिखा।

लाल कुर्सियाँ और कॉन्फ्रेंस-हॉल का लाजवाब स्टेज भी देखने काबिल। एक-एक कर आते ख़ास मेहमान अगली क़तार में अपनी जगह पाने लगे। क्रिस ने मुझे पिछली क़तार में देख बाइज़्ज़त आगे ला बिठाया तो अपन को भी कुछ ख़ास होने का एहसास हुआ।

एनाउंसर की दरख़्वास्त पर अगली क़तार से उठकर कुछ हस्तियाँ स्टेज पर सजी ख़ास कुर्सियों को दिलकश बनाने लगीं। दाएँ से बाएँ के सिलसिले में जब सबसे पहले अपने सलह ज़र्रार ने जगह पाई, तब समझ में आया जिनके साथ इतनी देर से गुफ़्तुगू करता रहा वे तो लगता है इस खित्ते के बड़-मनइन में शुमार हवैं। उनके ठीक बग़ल विराजे वैटिकन में टर्की के एम्बेसडर व ख़ूबसूरत शख़्सियत के मालिक संजीदा फलसफाकार केनान गुरसोय (Kenan Gursoy), फिर 'टर्किश हिस्टॉरिकल सोसाइटी' के प्रोफ़ेसर मतीन हुलुगू, उनके आगे प्रोफ़ेसर बकीर कलरिगा जिन्हें देखकर लगा मानो अपने प्रोफ़ेसर बृजबासी लाल, डॉ. स्वराज प्रकाश गुप्त और डॉ. डी.पी. अग्रवाल को मिलाकर बनाई गई कम्पोज़िट शख़्सियत हों, और फिर उनकी बग़ल में अकादमीशियन से ज़्यादा पहलवान लगते सवा छह फिट के कद्दावर रिचर्ड हैनसेन।

टेरी गार्सिया ने याद दिलाई 'नेशनल जिओग्राफ़िया सोसाइटी' के पहलम-पहल सदरों में से एक और 'नेशनल जियोग्राफ़िक सोसाइटी' के एडिटर-इन-चीफ गिल्बर्ट एच. ग्रॉसवेनर की, जिनका जन्म हुआ था इस्ताम्बुल में ही 1875 में, और जिन्हें ज़िन्दगी भर बड़ा नाज़ रहा दुनिया की तहज़ीब में अपने मादरे वतन के इतिहास के रोल पर।

महामहिम केनान गुरसोय बोले तो ऐसा लगा जैसे झरते हुए फूलों का चश्मा सा फूट पड़ा। तनिक सा मुस्कराते हुए वे जिस अन्दाज़ में बोले, तहज़ीब का हमेशा नया रूप लेने का जो ख़ाक़ा उन्होंने खींचा, उससे साफ़ हो गया कि ऐसे फिलॉसफ़र सियासतदां कैसे चुटकियों में अपनी बात मनवा लेते होंगे। ऐसे असरदार शख़्स

कम ही दीखते हैं जो मिलते ही पहली नज़र में मोह लें। बतौर उनके, हर तहज़ीब को हर हालत में अपनी और दूसरी तहज़ीबों में इंसानियत की समझ होनी चाहिए, हर तहज़ीब में एक-दूसरे की बाबत दावतनामे और उम्मीद का इशारा होना चाहिए। दुनिया में बहुत कुछ है, एक-दूसरे से सीख कर एक-दूसरे के जैसा बनने के लिए।

प्रोफ़ेसर मतीन हुलुगु ने दुनिया भर में शान्ति और समझ का राज़ क़ायम होने की ख़्वाहिश जताई। प्रोफ़ेसर सलह ज़र्रार ने धाराप्रवाह अरबी भाषा में तक़रीर की जिसे तर्जुमाकार ने अंग्रेज़ी में समझाया—'कामयाब तहज़ीबों के लिए आपसी लेन-देन को ज़रूरी बताया और यह भी कि सीखने, साइंस और तहज़ीब को अलग-अलग नहीं देखा जा सकता।'

'माया-कल्चर' के माहिर रिचर्ड हैनसेन ही वो शख़्स रहे हैं जिनके दिमाग़ में तहज़ीबों के बीच डायलॉग की बात सबसे पहले उपजी। इसके ज़रिए वे दुनिया के सकारात्मक कल के रास्ते तलाशते दिखे।

घूम-घूमकर चर्चा चलती रही दरया-ए-नील, दज़ला-ओ-फ़्रात की, अनातोलिआ, मेसोपोटामिया, सेल्यूकिया और चीन की, बहुत हुआ तो कहीं-कहीं इंडस (सिन्ध) का नाम भी उछला। लगा ही नहीं कि हिन्द भी कहीं है और गंगा या यमुना भी कहीं बहती हैं, उनकी वादियों में भी कोई तहज़ीब उपजी, पनपी और फैलती रही। ख़ासकर तुर्की वालों के हिसाब से पूरब का मतलब हमारा पूर्वी एशिया नहीं वरन तुर्की ही होता है और वहीं से जन्मा तहज़ीबी दरिया पश्चिम की ओर बहा।

10

4 मई, 2014

तहज़ीबी बातचीत

दूसरे सेशन के लिए हमारे लग्ज़री कोच कूच कर गए टर्की के एक निजी तालिमी इदारे की ओर जिसे क़ायम हुए अभी सोलह साल ही हुए। इसका नाम रखा गया 'बहचेशीर यूनिवर्सिटी' (BAHCESEHIR UNIVERSITY)। जिधर भी नज़र उठती हर ऊँची इमारत, ऊँची पहाड़ी और कमांडिंग पोज़िशन पर टर्की का लाल झंडा लहराता दीखता।

मुक़ाम पर पहुँचकर इमारत के भीतर लब-ए-समन्दर, यूनिवर्सिटी कैंटीन में खाने का कम, शरबते दीदार का ज़्यादा मज़ा मिला। जिसे देखो वही खाने में नहीं टेरेस पर तसवीरें उतारने-उतरवाने में मगन। लहर मारता समन्दर का पानी, उस पर तिरते स्टीमरों की आवाजाही, दूर ईस्ट (एशियाई) और वेस्ट (यूरोपियन) इस्ताम्बुल की पहाड़ियों को जोड़ता ऊँचा हवा में झूलता पुल। सैलानियों की चहल-पहल।

एंड्रू हावले के मोबाइल पर लगातार थिरकती अँगुलियों के खेल के हवाले से ट्विटर पर उतरा सेशन का ब्योरा—चुनिन्दा लफ़्ज़ों में गागर में भरे सागर जैसा। दिन भर की चर्चा को तीन हिस्सों में बाँटते हुए—'पुरानी तहज़ीबों का मुताइला क्यों किया जाए; पुरानी तहज़ीबों का जनम; और तहज़ीबों में शहरों का रोल।'

एलिज़ाबेथ कार्टर ने मेसोपोटामिया में पौधों और पशुओं को पालतू बनाने और कपड़े बनाने जैसे मुद्दों को तफ़सील से समझाया। मार्क केनोयर की ग़ैर मौजूदगी में उनके प्रेजेंटेशन का ज़िम्मा क्रिस थॉर्नटन ने सँभालाते हुए 'इंडस वैली (सिन्धु घाटी) के एडवांस्ड अर्बनाइज़ेशन' (बढ़े-चढ़े शहरीकरण), सीवर, फ़्लश टॉयलेट, अच्छी सड़कों वग़ैरह का ख़ाक़ा खींचते हुए वहाँ के निराले नगरों का ज़िक्र किया।

यूसीएलए (UCLA) के विल्लेके वांडरिच (Willeke Wendrich) ने मिस्र पर फ़ोकस करते हुए बताया कि वहाँ की संस्कृति एक सी नहीं रही और एक ही जगह रुकी नहीं वरन हमेशा चलती, बढ़ती, बदलती रही। एन्ने अंडरहिल (Anne Underhill) ने चीनी संस्कृति के आज से 3250 वर्ष पूर्व में जनम की 'ट्रेडीशनल थ्योरी' के पीछे जाकर उससे भी पहले के साझा रवायिती नज़रियों के असर और उन्हें आहिस्ता-आहिस्ता अपनाने की निशानदेही की कोशिश की। 'माया कल्चर' के आलिम खलीफ़ा फाबिओ अमादोर ने हर शहर की एक ख़ास पहचान और उसकी ख़ास ख़ुशबू का लुत्फ़ उठाने का नज़रिया फ़रमाया।

चाय-पान के ब्रेक के वक़्त, मैं अनजाने लोगों में एक तरफ़ खड़ा होकर, चाय की चुस्कियाँ लेते तज्वीजता रहा। यूनिवर्सिटी का साफ़-सुथरा क़रीने से सजा अहाता नज़रें खींचने लगा। इसे कहते हैं शऊर, हलकी नीली झलक वाला फ़र्श, डेस्क पर किताबें, रैक में लगे पोस्टर, एक किनारे का अहाते का हिस्सा बना लिए गए पुराने दरख़्त का मोटा तना।

प्रोफ़ेसर सदेत्तीन ऑकतेन ने समझाया कि शहर में बहुतायत में मिलने वाली सड़कों, पुलों और इमारतों से कहानी पूरी नहीं होती, ये सब तो हम इनसानों की ज़िन्दगी में महज रोज़मर्रा की ज़रूरतें भर हैं, ज़िन्दगी चलती रहती है और शहर उसका हिस्सा होते हैं, लेकिन ज़िन्दगी के तौर-तरीके तो सामाजिक एख़्लाक़ी उसूलों के चलते ही चलते हैं।

ताकेशी इनोमाता ने 'माया कल्चर' के निचले पायदान से ही 'रिचुअल प्लाज़ा' (अनुष्ठान सम्बन्धी इमारत) की बुनियाद पड़ने और तहज़ीब का मुस्तक़िल (परमानेंट) हिस्सा बन जाने की बात समझाते हुए बताया कि कैसे ऐसी ख़ास इमारतें बसावट के बीचोबीच जगह पाने लगीं और कैसे ये रिचुअल, आर्थिक विकास, सिरो-सज्जा और पत्थर के पिरामिडों में आकार पाते गए। उन्होंने बताया कि ऐसा ही मेसोपोटामिया सहित दुनिया की दूसरी तहज़ीबों में भी दिखता है।

सबसे मज़ेदार लगे—मकई देवी-देवता। मेक्सिको, ग्वाटेमाला के आसपास रहने वाले रवायती मेसो-अमेरिकन लोगों की सबसे अहम उपज मकई उनकी ख़ास पहचान बन गई है। उनकी लोकधारा की मानें तो आदमी का जनम भी मकई से ही हुआ और मकई के बीज मकई-पहाड़ में दबे हुए हैं। आज से 1800 बरस पहले से मकई देवता उनकी तहज़ीब के ख़ासुलख़ास देवता बने रहे। सोलहवीं शताब्दी के बाद 'लेडीज़ फर्स्ट' की तर्ज़ पर मकई देवता से ज़्यादा ऊँचा हो गया मकई-देवी का ओहदा। शादी के ज़रिए इस देवी को घर लाने का विश्वास बहुत आम है। पत्तों के बीच मुंडित सिरो-सूरत में दिखाए गए मकई देवता बड़े प्यारे लगते हैं। मकई देवता के कछुए से दोबारा जन्मने, नाव से समुद्री सफ़र, और कोको के पेड़ में बदल जाने की कहानियाँ भी ख़ूब कही-सुनी जाती हैं। मकई की वही जगह है 'माया कल्चर' में जो पूर्वी हिन्द-ओ-एशिया में धान और प्राचीन ग्रीस व रोम में गेहूँ और पश्चिमी एशिया और हिन्द में जौ (यव) की।

हिन्द में मकई के आने का वक़्त आमतौर पर कोलम्बस के आने के बाद का माना जाता है। हालाँकि हाल की खोजों में कुछ और ही तवारीख उभर रही है, जिसका बयान आगे करेंगे, फ़िलहाल अमेरिका की बातें वहीं छोड़कर आगे का हवाल आगे-आगे सुनिए।

11

4 मई, 2014

इस्ताम्बुल जज़ीरे में छाछ-बकलावा

शाम ढलते डिनर के वास्ते एक बार फिर हम 'यिल्दिज़ पार्क' के ख़ुशनुमा माहौल में दाख़िल हुए। जगह-जगह शादी के झक सफ़ेद लिबास में मुस्कराती दुल्हन और सूट-बूट वाले ख़ुश-मुख दूल्हे बगीचों के ख़ूबसूरत खित्तों में नाज़ो-अन्दाज़ में

तसवीरें उतरवाते मगन नज़र आए। डिनर लगने में कसर देख पार्क का मुज़रा लेने निकल पड़े। पार्क के रख-रखाव और पेड़-पौधों का जायज़ा लेते पता चला कुछ ही दिनों से चूक गए वरना यहाँ के रंग-बिरंगे फूलों की डिज़ाइनों से सजे गलीचे निहारते दिल नहीं भरता।

क्रिस और प्रोफ़ेसर सलह ज़र्रार से गुफ़्तगू करते, टहलते, और कुछ देर बाद माल्टा पवेलियन की तवारीख जुटाते रहे। सुलतान अब्दुल अज़ीज़ (1861-1876) के वक़्त में यिल्दिज़ शिकारगाह के अन्दर सर्किस बलयान नाम के शिल्पकार ने एक पहाड़ी पर इस दोमंज़िली रिहाइश को 1870 में मग़रबी चलन में तामीर कराया। संगमर्मर के गोल खम्भे, चबूतरे, लकड़ी और बिल्लौरी हॉल बनाए। दीवारों को क़ुदरती डिज़ाइनों, फल-फूल-लतरों और शिकार के मंज़रों की नक्क़ाशी से सजाया। पीले रंग से रंगी इमारत का बाहरी दिलकश रुख़ देखते ही बनता। अन्दर छत से लटकता झूमर। उकेरित रंगीन फूलों से सजे आतिशदान। मिस्री और रोमन मेमारी का असर। टर्की में जम्हूरियत क़ायम होने के बाद काफी वक़्त तक यह इमारत लावारिस रही। दिन बहुरे तो 1979-1982 के बीच ठीक-ठाक सजा-धजा कर इसे कैफ़ेटेरिआ/रेस्टोरेंट की शक्ल दी गई। फ़र्श की सजावट पर नज़र डालते समन्दर किनारे की खिड़की से सटी डाइनिंग टेबल पर जम कर, रह-रहकर सामने पसरा दिलकश नज़ारा झाँक लेते।

सन 2008 में शहर में सब-वे और टनल (सुरंग) बनाते वक़्त इस्ताम्बुल जज़ीरे में 8700 बरस पुराने बाशिन्दों की बस्ती के निशान ज़मीन से बाहर निकले। तक़रीबन एक हज़ार बरस तक यहाँ रहने वाले खेती और शिकार के सहारे तब तक रहे जब तक कि उनके ठिकाने बढ़ते समन्दर में समा नहीं गए। इसके बाद, तक़रीबन सात हज़ार बरस पहले यहाँ 'थारसियन' लोग रहने लगे। तब से यह इलाक़ा लगातार आबाद रहा।

बतौर प्लिनी इसका पहला नाम था लिगोस (Lygos)। ग्रीस से यहाँ आने वालों ने इस बसावट को बैज़ंटियम (Byzantium) नाम दिया 2660 बरस पहले, फिर पास में ही एक एक्रोपोलिस (बाला हिसार) बनाया। कुछ वक़्त के लिए यह इलाक़ा फ़ारस और फिर दोबारा ग्रीक क़ब्ज़े में आकर डेढ़ सौ बरस उन्हीं के क़ब्ज़े में बना रहा। फिर, आज़ाद हुआ लेकिन 73 ईस्वी (तक़रीबन 1900 बरस पहले) रोमन एम्पायर (रोम साम्राज्य) का हिस्सा बन गया। एक रोमन राजा ने अपने बेटे के नाम पर इसका नया नाम 'ऑगस्टा अन्तोनिना' रखा। 2324 बरस पहले 'कॉन्स्टैन्टाइन महान' के राजा बनने के बाद 'बैज़न्टाइन' की जगह नया क्रिश्चियन शहर बसाया गया। उसके बाद दूसरे रोमन राजा 'कॉन्स्टैन्टाइन महान' ने रोम की तर्ज़ पर बड़े पैमाने पर इमारतें तामीर कराईं तो इसे नया रोम, दूसरा

रोम, पूर्वी रोम और रोमा कांस्टांटिनोपोलिताना नाम मिले। शहर में बहुत से चर्च बने जिनमें सबसे ज़्यादा जाना गया शानदार हक़िया सोफ़िया। और भी बहुत कुछ बना यहाँ।

दुनिया के ज़्यादातर दूसरे ऐतिहासिक शहरों की तरह यह शहर भी कई बार रौंदा गया, मिट-मिट कर फिर-फिर बसा-बढ़ा। बारह सौ बरस पहले इसके चर्च, बुनियादी ढाँचे और डिफेन्स (हिफ़ाज़त के इन्तज़ाम) सब के सब बुरे हालात में पहुँच गए और आबादी पाँच लाख से घट कर एक लाख ही रह गई। नतीजतन चार सौ साल से कुछ ऊपर हुए ऑटोमन तुर्कों ने सौ बरस के अन्दर पूरे इलाक़े पर क़ब्ज़ा कर लिया और इस शहर को अपनी राजधानी बनाया।

सुल्तान मेहमेद (महमूद दोयम) ने हक़िआ सोफिया पहुँचकर उसे बादशाही मस्जिद में बदलकर, एक इस्लामी इमाम मुक़र्रर किया, अपने आप को कैसर-ए-रोम ऐलान किया। मदरसों, हस्पतालों और हम्मामों से लग कर शाही मस्जिदें तामीर कराने के लिए मज़हबी फॉउंडेशन बनाए। बड़ा बाज़ार व तोपकपी महल बनवाए। देखते ही देखते शहर एक मज़बूत क्रिश्चियन गढ़ (ईसाई केन्द्र) की जगह इस्लाम मज़हब की पहचान बन गया। शहर में दोबारा जान पड़ी। उस वक़्त तक यह शहर इस्ताम्बुल के नाम से जाना जाने लगा। शहर से भागे हुए लोगों, अनातोलिया के दूसरे इलाक़ों में बसे मुस्लिम, यहूदी और क्रिस्तानों और समूचे यूरोप के लोगों को बुला कर यहाँ बसाया गया। इस तरह शहर सार्वलौकिक बन गया। सुलेमान आलीशान का वक़्त (1520-1566) ख़ास तौर पर कलाकारी और इल्म-ए-तामीरी की बढ़ोतरी के लिए जाना गया।

शहर के सबसे ज़्यादा मशहूर हुए 'शहर-ए-कांस्टेंटिनोपल' नाम को अरबी ज़ुबान में 'अल-कुस्तंतुनियह' पुकारा गया जो इस्लामी मुल्कों और हिन्द तक पहुँचते-पहुँचते 'कुस्तुन्तुनिया' हो गया। मध्य काल में इस्लाम के साथ आई पश्चिम एशिया और उत्तरी अफ्रीका के क़िस्से-कहानियों के साथ आया इस शहर और इब्न-ए-बतूता के शहर टिंबकटू का नाम हमारे देश में इस क़दर चलन में आने लगे कि गाँव-गिराँव में जब कोई बहुत दूर की बड़ी-बड़ी बातें बता कर बहकने लगता तो बड़े बूढ़े कहते—'कुस्तुन्तुनिया औ टिंबकटू की बातैं हमका तो बताऔ ना भइया!'

मार्च 1930 में टर्की सरकार ने सरकारी तौर पर कुस्तुन्तुनिया को 'स्ताम्बूल' या 'इस्ताम्बुल' नाम दिया। भूल से अगर दूसरे किसी नाम से कोई ख़त भेज भी दिया जाता तो डाक महकमा उसे वहीं ज़ब्त कर लेता।

आज के वक़्त में 'सिल्क-रूट' के नाम से मशहूर पुराने तिज़ारती रास्ते पर बसावट, यूरोप और मध्य-पूर्व को जोड़ती रेल लाइनें, और सबसे बढ़कर काला

सागर और भू मध्य सागर को जोड़ने वाले अकेले रास्ते के चलते यहाँ की आबादी तेज़ी से बढ़ी। टूरिज्म (पर्यटन) और तहज़ीबी एक्टिविटीज (गतिविधियाँ) भी दिन दूनी रात चौगुनी बढ़ीं। नतीजतन 2012 तक यहाँ आने वाले ग़ैर-मुल्की सैलानियों की तादाद 11.6 मिलियन (एक करोड़ सोलह लाख) के आसपास पहुँच गई। दो बरस और बीते, यह शहर दुनिया भर के सैलानियों की पाँचवीं सबसे मशहूर मंज़िल बन गया। कारोबारी अड्डे के तौर पर भी इसकी ख़ास पहचान बनी।

उन्नीसवीं शती की शुरुआत में सुलतान महमूद दोयम के वक़्त से एक नयी सियासती शुरुआत हुई। 1839-1876 के बीच ऑटोमन हुकूमत को दोबारा तरतीब से उठाया गया जिसे तंज़ीमात नाम से जाना गया। एक नयी शुरुआत हुई नयी तकनीक अपनाने की। गोल्डन हॉर्न के आर-पार पुल ताने गए, यूरोप को रेल से जोड़ा गया। बिजली, पानी, टेलीफ़ोन, ट्राम, धीरे-धीरे एक-एक कर आते गए।

सुलतान अब्दुल हामिद दोयम को भगा कर 1908 में यंग तुर्क इन्कलाब ने पलटकर ऑटोमन हुकूमत के दूसरे आईन ज़माने को जनम दिया। यह इन्कलाब ऐसी यूनियन ने किया जिसमें शामिल हुए सबको साथ लेकर चलने वाले तुर्की राष्ट्रवादी, पश्चिमी ख़याल के सेक्युलर, आर्मीनियाई व ग्रीक अक्लियत, और सुलतान के ख़िलाफ़ाती। इस दौर में चली लम्बी सिलसिलेवार जंग ने शहर को बरबाद कर डाला। आख़िरी कील ठोंकी पहले वर्ल्ड वॉर ने जिसके चलते इस शहर पर ब्रितानिया, फ्रांस और इटली का क़ब्ज़ा हो गया। आख़िरी ऑटोमन सुल्तान महमूद सातवें को 1922 में मुल्क से बेदख़ल कर दिया गया। अगले साल मुस्तफ़ा केमाल अतातुर्क ने लाउसेन्ने के सुलहनामे में टर्की के जम्हूरी सल्तनत होने के इक़रारनामे का ऐलान किया।

उस ज़माने में तुर्की के इन्कलाबी 'यंग तुर्क' इतने मशहूर हुए कि दूर-दूर के मुल्कों में इन्कलाबियों को 'यंग तुर्क' कहा जाने लगा। जब हम सब यूनिवर्सिटी में पढ़ते थे तब हमें तनिक भी एहसास नहीं था कि उस वक़्त हिन्द में मुकम्मल इन्कलाब की अलख जगाने वाले जवाँ रहनुमाओं को जिस 'युवा तुर्क' नाम से नवाज़ा गया उनका सफ़र इतना लम्बा रहा होगा। इतना जान कर उन रहनुमाओं में से कुछ की तुर्की दाढ़ी का राज़ भी आसानी से खुल गया। अपने सी.बी. भाई, आज भी तब की निशानी, अपनी पुरानी दाढ़ी खजुआते हज़रतगंज के कॉफ़ी हाउस के पास दिख जाते हैं , पता नहीं उन्हें मालूम भी है या नहीं कि 'यंग तुर्क' का असल वास्ता बलिया से नहीं दूर बसे टर्की से है।

ज़बरदस्त भूख और तरह-तरह की महमहाती तश्तरियों के बावजूद शाक-भाजी वाले अपन खाते तो क्या ? मेज़बानों को पता लगा तो बमुश्किल तमाम एक प्लेट सलाद ही परोस पाए। वो तो भला हो भर गिलास 'आरियान' का, लोगों ने

समझाया इसमें कोई शोरबा-मांस नहीं, कर्ड (दही) से बना ड्रिंक है, चखा तो अपने घर-घर बनने वाला छाछ निकला, माँग-माँग कर कई गिलास गटके। और आख़िर में जब स्वीट डिश का दौर चला तब तो अपने भाग का छींका ही फूट पड़ा। शहद-चीनी पिस्ते-बादाम-अखरोट की बेहतरीन मिठाइयाँ सामने आईं। एक चखा तो दूसरा चखने का बहाना बना, कई प्लेट दबा गए बिना अपनी संगीन डाइबिटीज़ का तनिक भी ख़याल किए बिना।

इनमें से एक 'बकलवा' या 'बकलावा' का दमामा तो पुराने ऑटोमन सल्तनत की सरहदों के पार मध्य और दखिखन-पश्चिम एशिया तक बज रहा है। इस मिठाई के 3300 बरस पहले से ही टर्की में इस्तेमाल होने का दावा किया जाता है मगर इसके ईजाद पर टर्की, ग्रीस, मंगोलिया, फ़ारस तक का दावा रहा है। ये बात दीगर है कि 2008 में 'अनटेप बकलवा' (Antep Baklava) टर्की के पेटेंट ऑफ़िस में और 2013 में 'अनटेप बकलवासी' (Antep Baklavasi) या 'गाज़ियानटेप बकलावासी' (Gaziantep Baklavasi) यूरोपियन कमीशन में पेटेंट हो चुके हैं। इतना ही नहीं, इसकी कई-कई क़िस्में अर्मेनिया, अज़रबैज़ान, सीरिया, लेबनॉन, मिस्र आदि मुल्कों में भी बनती रहीं और अब तो दिल्ली तक में ख़ूब बनती-बिकती हैं।

12

कुस्तुन्तुनिया (से आगे)

5 मई, 2014

अदीयमान

'तहज़ीबों में डायलॉग' का अन्दाज़ बड़ा निराला निकला। एक जगह टिककर पूरे-पूरे दिन भाषण झाड़ने, सुनने और ठूँसने की ज़हमत में न पड़कर, डेरा-डंडा सँभाले, आज यहाँ कल वहाँ, नए-नए मुक़ामों पर नए-नए लोगों से मिलते, दिलकश नज़ारे ताकते, खाते-पीते, बतियाते चलने का नायाब तरीक़ा।

अगला निशाना रहा 'अदीयमान'। डायलॉग के सारे भागीदार सुबह सबेरे निकल पड़े 'अतातुर्क हवलिमानी' की ओर। धीरे-धीरे खुल रही पहचान के साथ

मैंने एंड्रू हावले के बग़ल वाली सीट चुनी। बातों-बातों में चीन-जापान-मेक्सिको-पेरू तक उड़ने लगे। खिड़की से झाँकते रास्ते के दाएँ-बाएँ के ठिकाने, सड़क पार करने के ओवर ब्रिज पर चहल-पहल, साइन बोर्ड, मेट्रो स्टेशन और केताब कारपोरेशन पर ग़ौर करते और यह सोचते कि किताब (केताब) भी साझा निकली, 'हवाई अड्डे' पर आन लगी।

सारा सामान एक साथ ट्रालियों पर। सबके पासपोर्ट मुराद और चेम के हवाले। क़तार लगाकर दो-दो सिक्योरिटी-चेक लाँघे, फिर साफ़-सुथरे जहाज की एक तिहाई सीटों पर हमारा ही कुनबा क़ाबिज़ हो गया। एक बग़ल की सीट पर करिंगा के बिरादर और दूसरी साइड में ख़ूबसूरत आँखों वाली मदाम और उनका चुलबुला बेटा। सबके चेहरे ताज़ा उत्साह से चकमक। 'टर्किश एयरलाइंस' के रिसाले के पहले पटल पर साया वाटिकन में तुर्की के राजदूत के मुस्कुराते सुदर्शन चेहरे को देखते ही उनके बारे में लिखा पढ़ने में मशगूल हो गया। पढ़कर रखने लगा तो मुराद ने पूछा—पहचान गए इन्हें?

जहाज ने उतरने के लिए डैने तौले, नीचे की ज़मीन नज़र आने लगी, लोग खिड़कियों पर अटक गए, तसवीरें उतारते-उछलते, इतनी ख़ुशी और रवानगी का सबब तब समझ में आया जब मिस्री संस्कृति की माहिर तजुर्बेकार मोहतरमा रेन्ने बच्चों की तरह उछल-नाचकर चहकने लगीं—वा-अ-अ-अ-ओ, वा-अ-अ-ओ—हम मेसोपोटामिया में आ गए, वाह मेसोपोटामिया में आ गए। अपने कान भी खड़े हो गए, 1973-1975 के बीच बीएचयू में 'निओलिथिक वेस्ट एशिया' पर डाक्टर पुरुषोत्तम सिंह से पढ़े पाठ और नक़्शे पर मेसोपोटामिया, अनातोलिआ, लेवांट और टेपे सियाक, च-यु-न्यू जैसे मशहूर पुराने ठिकाने टाँकने में बिताया वक़्त याद आकर सिहराने लगा।

छोटे लेकिन बड़े ही साफ-सुथरे और प्यारे 'अदीयमान हवालिमानी' पर उतरे तो सब आगे चलने के लिए बेताब हुए जाते। आनन-फानन मेज़बानों ने हमें लकदक टूरिस्ट-कोच में बैठाया और निकल पड़े आगे के लिए।

अदीयमान नाम के सूबे की दारुल हुकूमत अदीयमान शहर की खुली सड़क पर बढ़ते ज़ेहन में घूमता रहा कि यह नाम कहीं सुना है। कुर्दों का दिया यह नाम बाद में आया, पुराने वक़्त में ग्रीक इसे पेर्रे या पोरडोनियम (Perre or Pordonnium) पुकारते रहे। एक पहाड़ी पर क़िलाबन्द कैसेल के आसपास बसे इस शहर का सरकारी नाम 1926 तक 'हस्न-इ-मंसूर' (कैसल ऑफ़ मंसूर) रहा लेकिन यहाँ के आम लोगों को यह नाम पुकारने में कठिन (अदी यामेन) लगा। फिर उस नाम के लिए 'अदी यामेन' (कठिन है) 'अदी यामेन' (कठिन है) बोलते-बोलते शहर का नाम ही पड़ गया अदी + यामेन = अदीयमान। हिन्दुस्तान की तरह

गर्मियों में यहाँ गर्माहट का पारा औसतन 40 डिग्री सेंटी तक चढ़कर सर्दियों में हमारे यहाँ से कहीं कम कभी-कभी उतर जाता है माइनस 14.4 डिग्री सेंटी तक।

यहाँ से 10 किलोमीटर उत्तर में पलानली नामक जगह पर एक गुफा और सम्स्त शहर से मिले सुबूतों से पता मिला कि इस इलाक़े में तक़रीबन 40,000 बरस से लोगों की बसावट रही है। आज से पहले 2900 बरस बीतने के बाद असीरिया, परसिआ और मकदूनिया के हमलावरों के हरावल दस्ते इधर आने लगे। फिर, 2069 बरस बीते कॉमागेने सल्तनत (Commagene kingdom) क़ायम हुई, जिनके वक़्त में माउंट नेमरुत पर बुतों की क़तार लगी। राजधानी बना सम्स्त शहर, उस वक़्त अदीयमान एक क़िलेबन्द बसावट बन चुका था। फिर 72 ईस्वी में अदीयमान पर काबिज़ हुए रोमन, फिर बाइज़ेन्टाइन (395-670 ई.), उम्मायद (670 ई.), अब्बासिद (758-926 ई.), फिर बाइज़ेन्टाइन (859-1114 ई.), फिर अरब पलटकर रहे 1114-1204 ई. तक, आख़िरकार आए तुर्क, 1298-1516 ई. के बीच इस पर ममलुक सुल्तानों की बादशाहत रही, फिर ऑटोमन सल्तनत की सरहदों में समा गया।

अदीयमान शहर आज के दिन दरया-ए-फ्रात की वादी में बसे खेतिहरों को ज़रूरत के सामानों के लिए बाज़ार मुहैया कराता है। खच्चर और गधों पर मस्ती से सवारी करते लोगों, अधबनी इमारतों, गेहूँ की सुनहरी फसलों से पटी सरज़मीं, नए नज़ारों पर नज़र फेरते, ऊँची-नीची हलकी पहाड़ियों पर घूमती लहरियादार सड़क पर, नए उत्साह से भरपूर साथियों की बातों में मशगूल बढ़ते चले काहता (Kahta) की ओर।

13

5 मई, 2014

काहता और कुर्द

काहता नाम के क़स्बे से आगे, अदीयमान से तक़रीबन 40 किलोमीटर पूरब, दरया-ए-फ्रात के ऊपरी बहाव पर बँधे टर्की के सबसे बड़े अतातुर्क बाँध के साफ़ नीले लहराते पानी के किनारे, दोपहर का दस्तरख़्वान सजा। प्राचीन अनातोलिया के इस दक्षिण-पूर्व इलाक़े में इस दरिया को वही दर्ज़ा हासिल है जो अपने यहाँ

गंगा मइया को। उतना ही पाक माना जाता है इसका आबो-दाना। जनम से उस लोक सिधारने तक, ख़ुशी और ग़म के हर लमहे में उसी तरह शामिल, गीतों में, मेलों में, रवायतों में गुनगुनाता कलकलाता बहता साफ़-शफ़्फ़ाफ़ पानी। यहाँ के लोगों को आमतौर पर नहीं मालूम कि गंगा कहाँ और किस मुल्क के किस ख़ित्ते में ऐसे ही बहती है, करोड़ों इनसानों को ज़िन्दगी देती, पालती-सँवारती, लेकिन देखिए किस तरह दोनों की एक सी पाक़ीज़गी बरक़रार है।

उस पार की सूखी-सपाट पहाड़ियों और पानी के भीतर लहराती मछलियों पर नज़र फेंकते एक मेज़ के किनारे जगह बना ली। और अपनी ओर किसी की तवज्जोह न पा कर चुपचाप आसपास का मंज़र ताकता रहा। गेहूँ की भरपूर फसलों के लिए मशहूर सामने की ढलानों पर दूर-दराज़ तक कहीं पेड़ नहीं दिखे, सोचता रहा कि खेत बढ़ाने के फेर में हमारे मुल्क की तरह यहाँ भी इन्हीं मासूमों को ज़िबह होना पड़ा। लगता है सारे एशिया का हश्र एक ही तरह का हुआ।

एक-एक कर इलाक़े की मानिन्द हस्तियाँ लक-दक कारों से उतरीं और प्रोफ़ेसर कारिंगा से हाथ मिलाकर उस ख़ास मेज़ पर सजने लगीं जिस पर प्रोफ़ेसर ज़र्रार जैसी चुनिन्दा हस्तियाँ बाइज़्ज़त बैठाई गई थीं। पश्तूनिस्तान के ख़यालों के बीच एकाएक कुर्दिस्तान में होने का एहसास शिद्दत से जागा, ख़ास तौर पर तब जब अग़ल-बग़ल की ख़ाली कुर्सियाँ खींचकर ख़ास मेहमानों के हथियारबन्द गार्ड और दूसरे भागीदार क़रीब बैठने लगे। ग्रिल्ड टर्किश मीट, पिज़्ज़ा, कबाब, फल, सब्ज़ियाँ, सॉफ़्ट ड्रिंक आते और खपते गए। यह जान कर कि अपन शाक-पात वाले और लखनऊ के बाशिन्दे ठहरे, लखनऊ के मशहूर इस्लामी स्कूल नदवा (दारुल उलूम नदवातुल उलामा) का चक्कर लगा चुके घनी काली दाढ़ी में ख़ूब फब रहे एक गोरे-चिट्टे प्रोफ़ेसर ने मेरे लिए आलू के चिप्स, रोटी और दीगर तश्तरियाँ तलाशने में दिलचस्पी दिखलाई।

एक ज़माना पहले 'नेशनल जियोग्राफ़िक' में पढ़े आर्टिकल से जाना था कुर्दों के बारे में। उस वक़्त अपन यूनिवर्सिटी में पढ़ते-पढ़ते अफ़ग़ानिस्तान घूमने निकले तो पश्तूनिस्तान के जलालाबाद शहर भी गए। वहाँ हिन्दुस्तानी सफारत के एक बड़े ओहदेदार से बातों-बातों में पश्तूनिस्तान और बलूचिस्तान की बात करते जब कुर्दिस्तान के कटा-जुज्झ की चर्चा चली तो उस उमर में मेरी उस जानकारी से वे इतने मुतासिर हुए कि लगे हाथ वहीं के वहीं नौकरी देने की पेशकश कर डाली। नौकरी तो ख़ैर वहाँ नहीं की, तिरंगे झंडे वाली उनकी शानदार गाड़ी में ख़ैबर दर्रे की सैर करने का मौक़ा अलबत्ता मयस्सर हो गया।

मध्य-पूर्व के एक ख़ानाबदोश ईरानी नस्ल का क़बीला माने जाने वाले कुर्दों की बसावट वाला 'कुर्दिस्तान' फैला हुआ है पूर्वी टर्की, पश्चिमी-उत्तरी ईरान,

उत्तरी इराक़ और सीरिया के लगे हुए इलाक़ों तक। इस ख़ास तहज़ीबी ख़ित्ते के उत्तर-पश्चिमी ईरानी जुबान बोलने वाले बोलते हैं चार तरह की बोलियाँ। इनकी कुल नफ़री गिनी जाती है चार करोड़ के आसपास। पहले 'वर्ल्ड वार' (विश्व युद्ध) के बाद कुर्दों ने अपने अलग मुल्क की मुहिम चलाई और अपनी जम्हूरियत क़ायम करने का ऐलान किया तो टर्की, ईरान और इराक की हुकूमतों ने अपने-अपने इलाक़ों में उनकी बग़ावत को बार-बार दबाया। कुर्दिश जुबान, लिबास, लोक गीत और नामों तक पर पाबन्दी लगा दी गई। उन्नीस सौ सत्तर के दशक में कुर्दों की नई नसल ने लड़ाका अलगाववादियों की 'नेशनल लिबरेशन ऑफ़ कुर्दिस्तान' और 'पी.के.के.' (कुर्दिश वर्कर्स पार्टी) नाम की ऐसी पार्टियाँ बनाईं जिनमें से दूसरी को तो 'यूनाइटेड नेशन्स', 'यूरोपियन यूनियन', 'नाटो' और दूसरे मुल्कों ने आतंकवादी इदारों की फ़ेहरिस्त में डाल दिया। हालात यहाँ तक बिगड़े कि तुर्की फ़ौज़ और 'पी.के.के.' के बीच खुली जंग छिड़ गई, नतीजतन कुर्दों की बहुत सी आबादी तबाही के मंज़रों के चलते दूसरे इलाक़ों में जा बसी।

कुर्दों की जंग फिर भी जारी रही। अपने हक़ के लिए 'टर्किश पार्लियामेंट' में आवाज़ उठाने के एवज़ में मोहतरमा एम.पी. लैला जाना और उनके पाँच साथियों को 1995 में पन्द्रह बरस की आला सज़ा मिली लेकिन दुनियावी दौर के चलते नौ बरस में ही कपाट खुल गए। आज दिन की टर्की की सियासत में कुर्दों की ख़ासी भागीदारी है। बहादुरी और ख़ूबसूरती की क़द्र दुनिया में कहाँ नहीं होती और इस मुआमले में कुर्दों का कोई मुकाबला नहीं। सीरिया में चल रही मौजूदा जंग में हसीन मोहतरमाओं की बहादुरी और बन्दूक की गूँज इसकी मुस्तकिल तसदीक़ कर रही है।

भरपेट भोजन के बाद क़रीने से सजे उस ठिकाने के पेड़-पौधों पर नज़र डालते इधर-उधर टहलते रहे। कभी शहतूत के बिरवे और कभी अँगूर के मड़वे तले ठहरते देखते रहे, हुकूमते टर्की की लाल झंडी वाली काली लम्बी चमचमाती कार से आए सूबे के गवर्नर मुस्कुराते हुए कैसे विदा हुए।

उनके पीछे हम सब भी अपनी आरामदायक बसों में अगले पड़ाव के लिए रवाना हुए। इस बार खिड़की के किनारे की जगह मिल गई, बग़ल की ख़ाली सीट पर बैठीं प्रोफ़ेसर ली लुई। चक्करदार, घूमती, हलकी पहाड़ियों के रास्ते माउन्ट नेमरुत की ओर। टर्की के इस सूबे में क़िले और ऐसी ही बहुत सी जगहें देखने के लिए आने वाले अक्सर कहता या कहूता में ठहरकर आगे जाते हैं। उनके खाने, रहने, साझे वाली टैक्सी और मिनी-बसों का बन्दोबस्त यहाँ की आमदनी का ख़ास ज़रिया बन गया है।

लबे-सड़क लगे बोर्ड पर एक बार फिर से अदीयमान नाम पढ़ते अन्दर ही अन्दर फिर कुरेदने लगा कहाँ सुना है यह नाम, कहाँ सुना है? आख़िर जाकर टिका सुदूर दख्खिनी हिन्द के तमिलनाडु के धरमपुरी ज़िले के 'अधीयमान कोट्टई' और इसी नाम की झील पर। इस इलाक़े पर राज कर रहे सबसे पुराने राजा का नाम अधियमान नदमन अंजी दोनों मुल्कों में किसी रिश्ते की और इशारा करता है। उस वक़्त रोमन राजाओं का राज़ टर्की के इन इलाक़ों तक और तिजारती काम-काज ज़मीनी और समुद्री रास्तों से दख्खिनी हिन्द तक बुलन्दी की ऊँचाइयाँ चूम रहा था। एक ज़माने में जैसे सिकन्दर (अलेक्सान्दर द ग्रेट ऑफ़ मकदूनिया) के नाम पर हमारे यहाँ सिकन्दर सिंह और हिटलर के नाम पर हिटलर सिंह जैसे नाम रखे जाने लगे, वैसे ही यहाँ के अदीयमान नामक मशहूर राजा के नाम पर अपने यहाँ भी कितने ही राजाओं, आम लोगों, किलों और झीलों के नाम अदीयमान, अथीयमान, अधियमान रखे गए। कहाँ के नाम और शब्द कहाँ पहुँच जाते हैं, अचरज होता है उनकी इतनी लम्बी उड़ानों पर।

14

5 मई, 2014

नेमरुत दागी

कितना दिलकश लगता है सूखा-सपाट-उजाड़ पहाड़ भी बशर्ते पहली बार देख रहे हों, और दूर के मुल्क में हों। कहीं-कहीं पहाड़ी कटान में कटी गुफाएँ दिख जातीं तो बस में चहक भर जाती, लोग खिड़कियों पर जुट जाते। काहता से 40 किलोमीटर उत्तर दिशा में चलकर कब जा लगे नेमरुत दागी (पहाड़) की तली पर पार्क की गई बसों-कारों की क़तार में, ठिकाने पर पहुँचने पर पता चला।

सामने दिखा पहाड़ी की चोटी पर गोल, चमकदार, कतई सूखा, पत्थरों के जमाव से तामीर किया गया पिरामिड, जिसके नीचे बताते हैं दबी है किंग एन्टिओकस-अव्वल (I) की क़ब्र। एंड्रू की जुटाई ख़बर के मुताबिक़ पता चला इसकी ख़बर-नज़र टटोलने में लगी थेरेसा गोएल्ल तमाम कोशिशों के बावजूद अपनी मुहिम में कामयाब नहीं हो सकी लेकिन लोगों को यक़ीन है कि इस दुनिया से जाने के बाद थेरेसा की राख इस पहाड़ी के ऊपर बिखेर दी गई।

चढ़ाई की लहरिया पर पैदल चढ़ते थक जाते तो ऐसे सहज भाव से फ़ोटो खींचने लगते कि दूसरे साथियों को मेरे थकने का पता न चले। चलते वक़्त बेटे का एक नीला 'विंड चीटर' ना ले आए होते तो, समन्दर की सतह से दो हज़ार मीटर की उस ऊँचाई पर सनसना रही, सर्द हवाओं में इस जर्जर हो रहे तन का जाने क्या हश्र हुआ होता। हालाँकि मंगनी का 'विंड चीटर' अपनी नाप का ना होने की वजह से कभी इधर से खींचते कभी उधर से। रुकते-चलते आख़िर पहुँच ही गए देवताओं की दुनिया में नेमरुत पहाड़ी के पूरब वाले पहलू में। सामने दिखे चूना-पत्थर पर तराशे गए बैठे हुए 7 मीटर तक ऊँचे तख़्तनशीं बुतों के धड़ और आसपास क़रीने से धरे उनके सिर। दोनों बग़ल राजसत्ता के प्रतीक रुआबदार शेर की मूरत। आसमानी ताक़तों के नुमाइन्दे और देवताओं के हामी पैगम्बर उकाब की एक मूरत का मस्तक भी मुस्तैद दिखा।

तक़रीबन 2100 बरस बीते, एन्टिओकस अव्वल (86-38 ईसा पूर्व) अपने 32 साल (70-38 ईसा पूर्व) की हुकूमत में एक नेक दिल, इन्साफ़ पसन्द, नुमायाँ गॉड, और रोमन और ग्रीक लोगों के दोस्त के रूप में मशहूर हुआ। उसका राज्य सल्तनत-ए-कमागेने (Kingdom of Commagene) के नाम से जाना गया। आधे-आध आर्मीनियाई और ग्रीक रक्त वाले एन्टिओकस के बाप का रिश्ता पर्सिया के बादशाह डेरियस के खानदान से भी जोड़ा जाता है। उसकी माँ एक ग्रीक वंशीय सेलुसिड एम्पायर की शाही ख़ानदान राजवंश शहज़ादी और नानी मिस्री मूल की थीं। इस तरह एन्टिओकस का रिश्ता सीधे-सीधे सिकन्दर के पाँच सिपहसालारों के खानदानों से जुड़ा था—सेल्यूकियन एम्पायर के सेल्यूकस निकेटर प्रथम, इजिप्ट के टॉलेमी

(अ) (ब) पुरावशेष, नेमरुत पर्वत, निकट अदीयमान, पूर्वी टर्की

(प्रथम) सोटेर, मक़दूनिया और एशिया के एन्टीगोनस (प्रथम), थ्रेस के लाइसीमेकस और मक़दूनिया के रीजेंट अन्तिपतेर। ग्रीक कल्चर अपनाने वाले उसके पिता के देहावसान के बाद 70 ईसा पूर्व एन्टिओकस अव्वल ने हुकूमत सँभाली।

एन्टिओकस सबसे ज़्यादा नामचीन हुआ नेमरुत दागी के मज़हबी मन्दिर बनवाने के वास्ते। राजा रहते हुए उसने अपना मज़हब चलाया इस दुनिया से जाने के बाद भी अपनी इबादत कराने की नीयत से। सब जानते हैं—'इक दिन उड़ जाएगा दुनिया से दूर', फिर भी अपनी याद और हुकूमत जिलाए रहने की गहरी ख़्वाहिश से बड़े-बड़े निजात नहीं पा पाते। यह ललक उसने पाई थी ज़ॉरोअस्ट्रियनिज़्म (पारसी धर्म) से। और वह बहुत हद तक कामयाब भी हुआ अपने इस मक़सद में। उसने अपनी यादगार चीज़ 49 मीटर की ऊँचाई और 152 मीटर के घेरे में बनवाई। यहाँ बचे रह गए उसके निशानों की बुलन्दी आज भी ऐसी है कि देखने वाले देखकर बेसाख्ता बोलें—इमारत बुलन्द थी। यहाँ से मिली हाथ मिलाती दो हस्तियों के आदमकद संग-ए-अक्स दुनिया की सबसे पुरानी मिसालों में गिने जाते हैं। आलम-ए-अहमियत की वजह से 1987 में इसे यूनेस्को की 'वर्ल्ड हेरिटेज फ़ेहरिस्त' में शामिल किया गया।

हसरत से देखते, सुनते और गाइड बुक में पढ़ते, गुनते, चलने में मगन मैं कैमरे सहित लड़खड़ा कर धरती पर लहालोट गिर पड़ा। अगल-बग़ल चल रहे साथियों ने तुरत हाथ बढ़ाकर उठाया, ख़ैरियत जानी। खिसियाया हुआ धूल झाड़कर सहज दिखने की कोशिश करता रहा। किसी को नहीं बताया कहाँ चोट लगी और कहाँ खरोंच। पास के पत्थर पर बैठकर सहज भाव से तवारीखी तफ़्तीश में फिर से डूब गया।

पुरावशेष, नेमरुत पर्वत, निकट अदीयमान, पूर्वी टर्की

एन्टिओकस ने अपने ग्रीक-अभिलेखों में से एक में एक ऊँची, पाक और लोगों की पहुँच से दूर के इलाक़े में अपने बराबर के देवताओं के क़रीब अपना टॉम्ब (मकबरा) बनवाने का ज़िक्र किया है। जिन देवताओं की उसने इबादत की उनमें ग्रीस, अरमीनिया और ईरान की एकरूप साझा मूर्तियाँ ख़ास रहीं, जैसे हरक्यूलिस-वहगन (Hercules-Vahagn), ईरानी देवता अहुर मज़्दा से जुड़ा ज्यूस अरमज़्द (Zeus-Aramazd or Oromasdes) और ताइचे व अपोलो मिथ्रास (Tyche and Apollo-Mithras)। यहाँ के बुतों की पोशाक, सिरोभूषा और क़द पर ईरानी और जिस्मानी बनावट पर ग्रीक अन्दाज़ का असर दिखता है।

एंटिओकस जिन परिवारों के समूह का राजा रहा वे ऐसे वक़्त और ज़मीन से आए जिनका नाता पूरब और पश्चिम दोनों से रहा। इसीलिए उसने पहाड़ के दोनों पहलुओं में दोनों दिशाओं में दूर तक देखते और दोनों सिम्तों में मेल कराते बुतों की क़तारें लगवाईं और उनके पीछे दूसरे देवताओं जैसे अपोलो-मिथ्र-हेलियोस के नाम लिखवाए।

नेमरुत दागी की यादगार कुछ इस हिसाब से तामीर कराई गई कि वहाँ मज़हबी जलसे हो सकें। एन्टिओकस हर महीने 16 तारीख़ को अपने जनम दिन और 10 तारीख़ को अपनी ताज़पोशी के दिन यहाँ ऐसे जलसे आयोजित करवाता। उसने यहाँ पुजारियों के जो कुनबे मुक़र्रर किए वे काफ़ी वक़्त तक सभी बुतों के सामने बने 'फायर आलटर्स' पर जड़ी-बूटी और दूसरी चीज़ों से रवायती विधि-विधान से किये जाने वाले अनुष्ठान से उपजा ख़ुशबूदार धुआँ उड़ाते रहते जिसे देखने और सूंघने के वास्ते आसपास के बाशिन्दे और फ़ौजी दस्ते वहाँ डटे रहते। इस मौक़े पर लोग खाते, सुरा-पान करते, और पुजारियों के पाक संगीत में डूब जाते।

उत्तरी पहलू में मिले दो बड़े-बड़े रिलीफ़ पर दिखाए गए अपोलो और हरकुलिस से एंटीओकस के हाथ मिलाने के प्रसंग और पास ही रखे शेर की आकृति के राजा के होरोस्कोप को देखने वालों का तांता नहीं टूटता। दुनिया में सबसे पुराने माने जाने वाले यहाँ के होरोस्कोप पर लिखी 10 जुलाई 62-63 ईसा पूर्व की तारीख़ एन्टिओकस का जन्मदिन मानी जाती है।

गुज़रते वक़्त के साथ लोग नेमरुत की इबारत भी भूलते गए। जगह वीरान और अनजानी हो गई। फिर ऐसा ही रहा जब तक कि 1883 में यहाँ आए एक जर्मन पुराविद ने यहाँ जमी मोटी परतों को हटाकर भूले पन्नों की कहानी दोबारा नहीं सुनाई।

लोग तसवीरें उतारने के सेशन में लग गए। प्रोफ़ेसर करलिंगा, प्रोफ़ेसर ज़र्रार, क्रिस, प्रोफ़ेसर ली लुई, अपनी-अपनी जमातों में वक़्ती सनद जुटाने लगे। सबकी देखा-देखी हम सोचा 'हमहू एक फ़ोटो खिंचवाए लेई'। सूरज ने सारी पहाड़ी पर झीनी सिन्दूरी चादर चढ़ा दी। फिर लोगबाग बड़ी तेज़ी से रंग बदलती परछाइयों के साथ

बदलते रंग धरते लैंड-स्केप के रंग थाम लेने को उतावले होते गए। मैं कुछ देर सर्द हवा के झोंकों में इधर-उधर टहल यह सब देखता रहा, फिर नीचे की राह धर ली।

सोचने लगा, अपने मुल्क में भी बड़े-बड़े राजा, महाराजा, महाराजाधिराज हो गए : महा पद्मनन्द, चन्द्रगुप्त मौर्य, सम्राट अशोक, वग़ैरह-वग़ैरह। लेकिन क्या बात है कि तमाम दौलत और रुतबे के बाद भी उन्होंने अपनी ऐसी यादगार चीज़ें नहीं बनवाईं, अपने मज़हब नहीं चलाए? शायद इसमें हिन्द के उस पुराने फलसफ़े का हाथ रहा होगा जिसकी वजह से इस दुनिया को पूरी शिद्दत से सराय फानी ही माना जाता रहा।

15

5 मई, 2014
रोमन ब्रिज पर अटके

नेमरुत से उतरकर नीचे की अकेली दुकान पर थोड़ी देर टहलने के बीच आगे चलने का इशारा होने लगा। सर्द हवाओं का पारा तेज़ी से गिरने लगा। बस के भीतर की गर्माहट भली लगी। लोग अपनी-अपनी बातों में लग गए। थोड़ा ही फ़ासला उतरते सामने दिखने लगा सूखी सपाट फैली घाटी में घूमती दरया-ए-सेन्दरे (Cendre) का फैलाव और दूर किनारे पर उस पर बने पुल की चौड़ी ऊँची मेहराब। बताया गया हमें वहाँ रुकना है तो लोग और अधिक उत्सुकता से खिड़कियों से उधर ही झाँकते रहे जब तक कि हम वहाँ पहुँच नहीं गए। उतरते ही नए जोश के साथ आसपास देखने, टटोलने के लिए बिखर गए।

'गूगल बाबा' ने बताया, सेन्दरे नदी का एक और नाम—छबिनास़ भी है। दो हज़ार बरस बीते, पार्थिआ (ईरान) सल्तनत को शिकस्त दे कर रोमन राजा सेप्तिमियस (Septimius Severus) ने मेसोपोटामिया को अपनी बादशाहत में शामिल किया और उसके फ़ौजियों ने यहाँ दरया-ए-सेन्दरे के आर-पार यह क़रीब 120 मीटर लम्बा और 7 मीटर चौड़ा, 30 मीटर मेहराबदार संग-ए-पुल खड़ा कराया। 92 प्रस्तर-खंडों से बने इस पुल का एक-एक पत्थर 10-10 टन वज़नी है। पुल के दोनों सिरों पर राजा और उसकी रानी जूलिया दोमना और उसके दो बेटों करकल्ला और गेता (Caracalla and Geta) को समर्पित दो-दो स्तम्भ उठाए गए जिन के ऊपर एक-एक प्रस्तर प्रतिमा भी बैठाई गई। इन पर कुरेद कर लिखे गए अभिलेखों से पता चला है कि आगे चलकर जब दूसरा बेटा सियासी लड़ाई में बड़े भाई से

हारा और मारा गया तो यहाँ से 3000 किलोमीटर दूर से जारी बड़े भाई के हुकुम पर यहाँ के सिपाहियों ने उसका नाम ही नहीं बुत के निशान भी मिटा दिए।

सत्ता के लिए क्या-क्या और कहाँ नहीं होता, भाई भी भाई का, और बेटा अपने बाप का, इतिहास भरा पड़ा है ऐसी कितनी ही ख़ूनी मिसालों से, फिर चाहे वह रोमन हुकूमत के ये भाई रहे हों या अपने पटनहिया बाबू। आमतौर पर लोग अशोक महान, सम्राट अशोक, देवानां प्रिय (देवताओं को प्रिय) प्रियदर्शी अशोक, बौद्ध धर्म के सरपरस्त करुणाकारी अशोक की महिमामयी छवि पहचानते हैं। मगध की सत्ता पाने के लिए अपने भाई का क़त्ल कराने का काला कलि उनके स्वर्ण मुकुट पर भी बैठा दिया गया।

इस विजिट के बारे में एंड्रू का ख़याल बड़ा वाज़िब लगा—'ऐंटीआकस के बुत और टॉम्ब और रोमन ब्रिज से ज़्यादा शानदार और बड़े बने लेकिन जल्दी ही धूल-माटी में दबकर सैकड़ों बरस तक दास्तान बने रहे। लेकिन रोमन-ब्रिज अभी कुछ ही बरस पहले तक लोगों के आने-जाने, दूर के इलाक़ों, लोगों, और तहज़ीबों को जोड़ने का काम बख़ूबी करता रहा। दोनों में से कौन ज़्यादा काम का? शायद वो जो ज़्यादा लम्बे दरमियान तक इंसानियत की मदद कर सके।'

हर बात दिलकश नज़र आई, पसरी सफ़ेद भूरी वादी पर लोटती साफ़ नीली धारा, पुल पर टहलते ख़ूबसूरत सैलानी, दो पहाड़ों के ढलान के बीच से निकलती पश्चिम से आती धारा के एक बग़ल की खोह, और धारा के आर-पार तने पुल के ऊँचे खम्भे। सब कुछ बहुत ख़ूबसूरत, अगर अपनी ही निगाह दाग़ तलाशने में माहिर ना हुई होती तब, और जो अगर बार-बार इधर-उधर से घूमकर अटक ना जाती। पस-ए-मंज़र में पैबन्द से लगते ऊँचे बिजली के खम्भे और हाल में ही बनी नयी इमारत पर। काश! ये इन्तज़ाम क़ुदरती नज़ारे और रोमन-पुल से कहीं दूर रहे होते तो इलाक़े की विरासती पाक़ीज़गी पूरी तरह बरक़रार रही होती।

16

5 मई, 2014

ओकर भाई सिकन्दर

साफ़-सुथरी चिकनी-चकली सड़क पर तीन घंटे अँधेरे में चलकर आलीशान 'नेवाली होटल' की नई-नवेली इमारत के सामने उतरे। होटल के रजिस्टर में ज़रूरी इन्दिराज के बाद जल्दी से कमरे की चाभी झटक कर लिफ़्ट की राह ली।

होटल की बनावट और कमरे की सजावट देख सचमुच लगा कहाँ आ गया गंगुआ... ? तुरन्त पड़कर सो जाने का मन किया लेकिन शराफ़त भी कुछ होती है, यह सोचकर नीचे लॉबी का रुख़ किया। लिफ़्ट में मिली प्रोफ़ेसर ली-लिउ ने भी बड़ी हसरत से होटल की तारीफ़ में कसीदे पढ़ते हुए अफ़सोस जताया—'दिस होटल इस रियली वेरी नाइस, बट इट इज़ पिटी दैट इट इज़ फॉर वन नाइट ओनली।' (यह होटल सचमुच बहुत अच्छा है लेकिन अफ़सोस कि यह केवल एक रात के लिए ही है)।

लॉबी से लगे हॉल में एक ओर सजा डिनर और सामने तुर्की के पारम्परिक गीत-संगीत का रस। गीत के बोल तो समझ के परे रहे लेकिन संगीत की तरंग बहुत जानी-पहचानी और मनभावन लगी। साथ ही दावत उड़ाते संगीत सुनना कलाकारों की शान में अपनी गुस्ताख़ी पर अफ़सोस भी होता रहा।

सामने की क़तार में ख़ास मेहमान और ख़ासुल ख़ास मेज़बान ठसके से विराजते दिखे—प्रोफ़ेसर बकीर करिंगा, प्रोफ़ेसर ज़र्रार, क्रिस थॉर्नटन, सूबे के गवर्नर, शहर के मेयर, नेवाली होटल के मालिक और उनकी सजी-धजी चहकती ख़ूबसूरत बीबी। मोहतरमा को ग़ौर से देखा तो उनके गोरे-गुलाबी कपोलों पर तनिक उठी हड्डियों (high cheeks) के अलावा सब कुछ बड़ा हसीन लगा। ये बात किसी से साझा की तो पता चला कि इसे तो 'हेलेनिस्टिक ब्यूटी' की ख़ास पहचान माना जाता है।

'हेलेनिस्टिक' नाम सुनते ही अपना रूमानी मन अपने मुल्क के एक ऐतिहासिक दास्तान की ओर चला गया। ग्रीक, रोमन, पर्सियन और इजिप्ट से अपने गहरे रिश्तों पर शान जताने वाले तुर्की शायद तनिक भी नहीं जानते कि जिस 'सेल्यूकियन एम्पायर' (साम्राज्य) पर उन्हें इतना नाज़ है उसकी नींव रखने वाले सेल्यूकस निकेटर की बेटी हेलेन और हिन्द के तब के एक महान सम्राट के प्रेम-विवाह की कहानी हमारे यहाँ कितनी मौजूँ है। उसी कहानी से जुड़ी कहावत भी उस वक़्त ज़ेहन में उभरने लगी।

'जेकर बहन अन्दर, ओकर भाई सिकन्दर।' पहले तो समझ नहीं आया, जब आया तो बात कुछ यूँ निकली—

> 'सिकन्दर के लौटते समय उस लोक सिधारने के बाद आज के टर्की, इराक, ईरान और पश्चिमी भारत के बड़े खित्ते पर उसके यवन (ग्रीक) सिपहसालार सेल्यूकस की बादशाहत क़ायम हुई। राजा बनने के बहुत पहले चन्द्रगुप्त मौर्य ने झेलम नदी के किनारे अपनी परिचारिकाओं के साथ खेलती उसकी एक ख़ूबसूरत बेटी को चुपके से देखा था और

पहली ही नज़र में उसके रूप-पाश में बँधकर उसे ब्याहने की चाहत रखने लगा था। उसने अपने इश्क़ का इज़हार किया उड़न-कबूतरों के ज़रिए हेलेन को ख़त भेजकर। हेलेन भी चन्द्रगुप्त पर मन से निसार हो गई। उसे यह भी पता चला कि उसका चाहने वाला हिन्दू नास्तिक है और ग्रीक देवताओं को नहीं मानता। लेकिन सिर पर चढ़कर ना बोले वो इश्क़ क्या, उसे वह भी मंज़ूर हुआ।

'फिर जब चन्द्रगुप्त राजा बन गये तो ये बात उन्होंने अपने महामंत्री चाणक्य से साझा की। चाणक्य ने इसके लिए सेल्यूकस से जंग के अलावा दूसरा कोई रास्ता नहीं पाया। ईसा पूर्व 305 में दोनों का सामना हुआ मैदानेजंग में चन्द्रगुप्त के हाथियों ने उसे कामयाब बनाया, सेल्यूकस ने शिकस्त पाई। चाणक्य की सलाह पर चन्द्रगुप्त ने सेल्यूकस को एक मुलाक़ात के लिए न्योता भेजा। मिलने पर चन्द्रगुप्त ने आपस में दोस्ती के पैग़ाम के साथ उसकी बेटी हेलेन का हाथ भी माँग लिया। चन्द्रगुप्त ने उसे हाथियों की एक सेना भेंट की, बदले में सेल्यूकस ने अफ़ग़ानिस्तान और दीगर इलाक़ों का एक बड़ा हिस्सा हेलेन के साथ उसे सौंप दिया। इस तरह इस मुहब्बत से पूरब और पश्चिम की दोस्ती परवान चढ़ी, आज के मध्य एशिया से हिन्द की पूरबी सरहदों तक हिलोरें मारती। कुछ विद्वान चन्द्रगुप्त के वारिस बिन्दुसार को हेलेन का बेटा बताते हैं।'

अब आम आदमी इतना इतिहास-पुराण भला कहाँ तक और कितना याद रखता? उनकी प्रामाणिकता और ऐतिहासिक तथ्यों में कहाँ उलझता? उन्हें तो इतना ही मालूम रहा कि कभी पटना के बाबू चन्द्रगुप्त ने एक यवन राजकुमारी से प्रेम-विवाह किया था। उस यवन राजा का नाम उन्हें याद न रहा। यवन राजकुमारी उसकी बेटी रही या बहन ये भी याद नहीं रहा। उनकी यादों में तो बस बसा रह गया यवन-राज सिकन्दर, लोगों ने सोचा हो ना हो वो यवन राजकुमारी उसकी बहन ही रही होगी। उन्हें ये भी नहीं याद रहा कि सिकन्दर ने पश्चिमी हिन्द के राजा पुरु को शिकस्त दी थी, अपने सामाजिक ताने-बाने में उन्हें बस इस बात का दर्प रहा कि जिस घर से लड़की आती है उसे लड़के वालों के सामने झुकना पड़ता है। बस, इसी भाव से गढ़ डाली वह कहावत जो आज भी अपनी पत्नियों के भाई यानी साले साहब को सिकन्दर कहकर चिढ़ाने के लिए कही-सुनी जाती है—'जेकर बहन...ओकर भाई सिकन्दर।' एक बार जब फेसबुक पर किसी के लिए सिकन्दर साहब लिखा तो नयी नसल वालों ने पूछ लिया—'मतलब?'

17

6 मई, 2014

सालिन ऊर्फ़ा—मानो तो भगवान

नींद टूटी तो खिड़की के बाहर नया-नवेला बन रहा शहर दिखा। हरियाली घास वाले गोल चौराहे पर ऊँचे पोल पर लहराता आधे चाँद से सजा लाल कौमी परचम। उससे लगी सड़क पार करती स्याह हिजाब के बीच से खिलती ख़ूबसूरत गोरी सूरतें। डिवाइडर से बंटी चौड़ी सड़कों के साथ सलीक़े से बनीं या बन रहीं इमारतें। इक्का-दुक्का सवारियाँ। खिलता हुआ सुन्दर नया शहर, आलीशान होटलों, रेस्टोरेंटों, खेल के मैदानों और चौड़ी सड़कों के बावजूद कांक्रीट के जंगल की तरह उगता हुआ।

पुराना ऊर्फ़ा पुरानी मस्जिदों, मीनारों, पुराने बाज़ार, आँगन वाले मकानात, गली-कूचों, दुकानों के किनारे बैठे चौकियों पर खाते-पीते लोगों, और अरबी-कुर्दी पहनावों की वजह से टर्की की रूमानी यादगारों में से एक बना हुआ है। लोग मानते हैं कि 'सीक-कोफ्ते' इसी शहर की देन हैं जिसे प्रोफेट अब्राहम ने अपने हाथ से ईजाद किया था। मेमने के गोश्त से बनने वाले दो सौ से ज़्यादा मेल के यहाँ के 'क़बाब' के ज़ायके के चटखारे ख़ूब चलते हैं, अक्खा टर्की तक ही नहीं सरहद पार सीरिया तक। याद रहे कि यहाँ के ज़्यादातर होटलों में दारू हराम है।

अपनी जानकारी पर रहम आया, पता ही नहीं था कि दुनिया में कहीं सानली ऊर्फ़ा नाम का ऐसा शहर भी बसता है। सानली बना है अरबी शब्द शान से। मतलब ऊर्फ़ा शानदार या ऊर्फ़ा महान। आमतौर पर लोग इसे ऊर्फ़ा ही पुकारते हैं। आर्मीनियाई इसे अर-रूह, कुर्द रीह, प्राचीन ग्रीक एदेस्सा नाम से जानते रहे। इसी नाम के सूबे के दारुल-ए-हुकूमत की गर्मी और सर्दी का पारा बहुत ऊँचा-नीचा रहता है। यूँ तो इस शहर की कहानी चौबीस सौ बरस पहले तक जाती है, लेकिन आसपास के दारु, हर्रान और नेवाली कोरी से मिले पुरावशेषों की सनद पर यहाँ की बसावट के 11,000 बरस पहले शुरू होने का अन्दाज़ भी लगाया जाता है। थोड़े और दूर की बात करें तो यहाँ से ज़्यादा दूर नहीं हैं खेती की शुरुआत से जुड़े मुक़ाम गोबेक्ली टेपे वग़ैरह। यह इलाक़ा दज़ला और फ्रात दरया के ऊपरी दोआबे के 'फर्टाइल क्रिसेंट' (उपजाऊ अर्द्धचन्द्र) नाम से मशहूर उस इलाक़े में आता है जहाँ से खेती की शुरुआत मानी जाती है। आर्मीनियाई मानते हैं कि इसी जगह

उनकी भाषा के हरफ़ ईजाद हुए। इसकी क़िस्मत की तवारीख में भी वक़्त-दर-वक़्त बहुत सी हुकूमतों में शामिल होना दर्ज़ होता रहा। फिर 638 ईस्वी में इस्लाम का असर साया हुआ।

नीचे के उसी हॉल में आज का सेशन जमा—जिसमें कल रात का दस्तरख़्वान सजा था, नए मंज़र के साथ। मंच के पीछे डायलॉग का बैनर और सामने तरतीब से सजी कुर्सियाँ। हॉल की रोशनी पिछली रात की ही तरह लाल-गुलाबी। रुनझुन साज के साथ मेहमानों का आना, जगह पाना चलता रहा। असरदार ख़ूबसूरत शख़्सियतें जब सामने की क़तार में मुतमइन हुई तो उद्घोषिका ने तुर्की ज़ुबान में शुरू किया कार्यक्रम। फिर प्रोफ़ेसर बकीर करिंगा की लम्बी तक़रीर, फिर होटल की ख़ूबसूरती, मिनिस्ट्री ऑफ़ कल्चर एंड टूरिज्म और वहाँ जुटे बड़े ओहदेदारों की तारीफ़ में कसीदे पढ़ते शुक्रिया अदा करते क्रिस की रस्मी तक़रीर, फिर ऊर्फ़ा के सदर मुक़ाम, फिर तोहफ़ों की लेन-देन में ज़्यादा वक़्त निकल गया।

डायलॉग के लिए बचे-बचाए वक़्त में एडजस्ट करने के नज़रिए से दूर-दूर से बुलाए गए छोट भइयों से गुज़ारिश हुई कम से कम में ज़्यादा बात कहने की। एक-एक कर बुलाए गए—सेशन की सदारत करने के लिए प्रोफ़ेसर अब्दुल्लाह एकिंची, प्रोफ़ेसर विल्लेके वेंडरिच, डॉ. लिंग क्विन, डॉ. राकेश तिवारी और प्रोफ़ेसर रेसेप सेंतुर्क, पहले और आख़िरी टर्की से, दो मोहतरमाओं में से एक यू एस और एक चीन से और अपन हिन्द के नुमाइन्दे।

सदारत करने वाले दस मिनट से कम बोलते तो तौहीन होती, उतनी देर कान में आला लगाए तुर्की बयान का तर्जुमा सुनते रहे। हमारे हिस्से बीस-बीस की जगह दस-दस मिनट ही आए। प्रोफ़ेसर वेंडरिच ने मिस्र, ली क्विन ने चीन, और अपन ने हिन्द में पहलौटी खेती पर अपने पहलू साया किये।

हमने बताया कि आम तौर पर माना जाता रहा है, और ज़्यादातर लोग अब भी मानते हैं कि गंगा घाटी में घने जंगल और दलदल होने की वजह से आज से 2700 बरस पहले तक वहाँ बड़े पैमाने पर मानवीय बस्तियाँ आबाद नहीं हो सकीं। लेकिन हाल की खोजों से सामने आ चुके हैं पुख़्ता सुबूत—मध्य गंगा घाटी में दस हज़ार बरस के आसपास की प्राचीनतम मानवीय गतिविधियों के, और धान की खेती शुरू होने के कम से कम नौ हज़ार बरस पुराने, पाँच हज़ार बरस पहले पश्चिमी भारत से आपसी रिश्ते रखने और फिर बड़ी तादाद में बसावटें बसने के, साढ़े तीन हज़ार बरस पहले ही लोहा गलाने का हुनर हासिल कर लेने की जानकारी के, और कोलम्बस के हिन्दुस्तान आने के बाद पिछले चार सौ बरस में अमेरिका से यहाँ आए माने जाने वाले शरीफा, भटकटैया जैसे फलों की भी साढ़े तीन हज़ार बरस से ही मौजूदगी के भी।

एंड्रू ने इस सेशन पर जो ट्वीट किया, उसका हिन्दी तर्जुमा जितना हो सकता है कुछ इस तरह होगा—

> 'खेती के इंकलाब (निओलिथिक रिवोल्यूशन) और धान की खेती इस सेशन में दो ख़ास पहलू रहे : यू सी एल की वेंडरिच ने मिस्र (इजिप्ट) पर फ़ोकस करते हुए बताया कि वहाँ खेती की शुरुआत गरम मौसम के साथ हुई जिसने खेती को आसान बनाया। फिर जब मौसम एक बार फिर से सर्द हुआ तब तक लोग खेती के आदी हो चुके थे इसलिए और ज़्यादा मेहनत से खेती करने लगे।'

इसके बाद जो कुछ मेरे बारे में लिखा गया उसे, अपने बारे में ढोल पीटने की जाती ख़्वाहिश के चलते, उसका जितना हो सका उतना जस का तस तर्जुमा चस्पा करने का लालच नहीं छोड़ पा रहा हूँ :

> 'उत्तर प्रदेश सरकार के राज्य पुरातत्त्व विभाग के पूर्व निदेशक राकेश तिवारी ने इंगित किया कि अब गंगा घाटी में धान की खेती चीन में धान की खेती के समकालीन विकसित होने का पता चल गया है। पहले लोग यह मानते रहे कि इसकी खेती का विकास एक जगह हुआ और फिर दूसरे क्षेत्रों में फैल गया। उन्होंने जवाब दिया कि जंगली धान के विभिन्न उपभेदों का उपयोग, और चीन और भारत के बीच की भूमि में खेती के विभिन्न स्तरों का उपयोग, विश्वसनीय रूप से स्पष्ट करता है कि यह महत्त्वपूर्ण खोज विभिन्न स्थलों पर अलग-अलग रूप में हुई। सभ्यताओं की वार्ता के इस सन्दर्भ में, यह इस बात को रेखांकित करती है कि संस्कृतियों के बीच समानता हमेशा साझा विरासत या एक प्रारंभिक बिन्दु को इंगित नहीं करती है।'

रस्मी तौर पर सेशन ख़त्म हो गया लेकिन ग़ैर-रस्मी तौर पर, आगे के सफ़र के लिए बस में सवार होने के बाद भी चलता रहा। दक्षिण अमेरिका के माहिर प्रोफ़ेसरों चिंचिला, रिचर्ड और ताकेशी को कोलम्बस के पहले से ही अमरीकी फूल-पौधों की हिन्दुस्तान में मौजूदगी की बात हज़म नहीं हुई, इसलिए लगे तरह-तरह के सवालों से घेरने—'आख़िर अमरीकी इलाक़े के फल-फूल इतना पहले कैसे हिन्द पहुँच सकते हैं?' अपनी बात और मज़बूती से रखने के वास्ते कुछ और खोजों का हवाला दे कर मकई के भी बहुत पहले ही यहाँ आने के तसवीरी सुबूत बुतों के हवाले से दिखलाए तो पहले आँखें फाड़े ताकते रहे फिर उसकी पहचान पर ही शुबहा करने लगे। कुछ देर गहरी चर्चा में उलझने के बाद मैंने भी कह दिया—'जो सुबूत साफ़ दीखते हैं, आपके सामने हैं, इन्हें भी कसौटी पर कस कर परखने वाले आप जैसे मानिन्द साइंसदाँ ही ठहरे, मानो तो भगवान नहीं तो पत्थर।'

18

6 मई, 2014

गोबेक्ली टेपे

ऊर्फ़ा से तक़रीबन 18 किलोमीटर उत्तर-पूरब, अनातोलिया के मशरिकी सिरे पर, पोटबेल्ली पहाड़ की धार पे टिके मशहूर पुराने टेपे (टिब्बा या टीला या डीह या खेड़ा) तक पहुँचते देर ना लगी।

वहाँ दिखा पहले से ही कई गाड़ियों और सैलानियों का जुटाव। एक डॉक्यूमेंट्री की शूटिंग के लिए उड़ाए जा रहे 'ड्रोन' को देखने के कौतूहल में मशगूल भीड़। बड़े मकौड़े जैसा 'ड्रोन' ज़मीन से कुछ ही ऊँचाई पर भनभनाता हुआ मँडराता रहा, फ़िल्म बनाने वाले नीचे से रिमोट के सहारे फ़ोटोग्राफ़ी में लगे रहे।

औसत क़द, भारी काया, अधपकी दाढ़ी और दीर्घोदर वाले लेकिन असरदार शख़्सियत के मालिक एक यूरोपियन बुज़ुर्ग माथे पर फेल्ट-कैप चढ़ाए, गले में झक सफ़ेद गमछा लपेटे, दोनों हाथ डैनों की तरह लहराते हुए ऊपर उठाकर

गोबेक्ली टेपे के प्राचीनतम उकेरित चित्रों से युक्त स्तम्भ, टर्की

(फ़ोटो साभार : क्रमश: Teomancimit; b. Zhengan)

टेपे की ख़ासियत बयान करते जिधर बढ़ते लोग उनके क़रीब जुट कर उधर ही चल पड़ते।

उन्होंने बताया कि यहाँ से मिले पुराने ज़माने के निशानात घुमन्तू अहेरियों के किसी कबीले के एक ठिकाने पर जम कर बसने और जंगली कुत्ते, भेड़-बकरी के साथ गन्दुम और यव को काबू करके पालतू बनाने की कोशिश के तनिक पहले, यानी आज से बारह हज़ार बरस पहले की दुनिया की सबसे पुरानी इबादतगाह के हैं। वक़्त बीतने के साथ, वो बसावट भी उजड़ गई।

फिर समन्दर के पानी से 760 मीटर की ऊँचाई पर 300 मीटर के दायरे में फैले, इस टिब्बे पर जमती गई माटी ने इसकी ऊँचाई 15 मीटर तक और ऊपर उठाकर इसे पहाड़ी धार का हिस्सा बना दिया। यूँ तो नौ बरस में घूरे के दिन भी फिरने की बात कही जाती है लेकिन यहाँ के दिन लौटने में हज़ारों बरस लग गए। इस्ताम्बुल और शिकागो के 'जामिया मिलिया' के 'आसारे कदीमा' (पुरातात्त्विक अवशेष) के माहिरों की मिली-जुली टीम ने 1963 में पहली बार यहाँ की खोज-ख़बर लेकर इसके पहलेपहल खेतिहरों से जुड़े होने का अन्दाज़ा लगाया। फिर, 1996 में ज़मीन देखकर उसके नीचे दबे क़दीमे का मज़मून भाँप लेने वाले जर्मन नजूमी 'क्लॉउस स्किमिड' (Klaus Schmidt) ने यहाँ दबे दफीने को ढूँढ़ निकाला।

आगे, 2014 तक चली खनन-खोदाई और खोज से निकले—अंग्रेज़ी के टी-अक्षर के आकार वाले (T-shaped) 6-6 मीटर ऊँचे और 20-25 टन तक भारी-भरकम दो सौ पत्थर के खम्भे और इन्हें फँसाकर खड़ा करने के लिए चट्टानी सतह में खोदकर बनाए गए खाँचे। इनकी निशानदेही से सुराग लगाकर कभी वहाँ वजूद में रही बीस गोलाकार संरचनाएँ। खम्भों पर तराशी गई आदमियों, जानवरों, साँप, बिच्छू, घड़ियाल और दूसरे जीवों की आज से क़रीब 12000 बरस पहले तराशी गई शक्लें। यक़ीन नहीं हुआ कि इतने वक़्त पहले भी लोग संग-तराशी में इतनी महारत हासिल कर चुके थे।

इन संरचनाओं को उस वक़्त के पूजागारों के रूप में पहचाना गया है जिन्हें आसपास के 160 कि.मी. के दायरे के अहेरियों-संग्राहकों ने बनाया था। वे इस पाक जगह पर जुटते और शायद ढेर सा चढ़ावा चढ़ाते, ढोल-नगाड़ा बजाते, मशालों की रोशनी में नाचते-गाते, जश्न मनाते और दावतें उड़ाते रहे होंगे।

गोल पूजागारों के ऊपर कोई छाजन रहा होगा या नहीं? और रहा होगा तो कैसा? इस बारे में तो बस अन्दाज़े ही लगाए जा सकते हैं लेकिन अन्दर बैठने के लिए पत्थर की बेंच बनाने की गवाही पक्की है। इनके बाद दूसरे दौर में आज से क़रीब 10000-8000 बरस के बीच बने खम्भे उनके मुक़ाबले छोटे क़द के बने।

इसके बाद इस जगह की अहमियत ख़त्म हो जाने पर, यहाँ बचे रह गए निशानात चकमक पत्थर, पत्थर के औज़ारों और जानवरों की हड्डियों के ढेर में दबा दिए गए।

इस विज़िट का आख़िरी शगल रहा हमारे गाइड का फ़र्ज़ निभा रहे बुज़ुर्ग का परिचय, हममें से ज़्यादातर अचरज में पड़ गए यह जान कर कि वे ही हैं यहाँ की ज़मीन की परतें खोलकर वहाँ दबी कहानी के सफे पढ़कर सुनाने वाले क्लॉउस स्किमिड*।

लौटते सफ़र में 'वेस्ट एशियन निओलिथिक कल्चर्स' पढ़ाने वाले बाँसगाँव वाले गुरु जी (प्रोफ़ेसर पुरुषोत्तम सिंह) एक बार फिर बहुत याद आए। वे पढ़ाते-पढ़ाते मगन हो बताते—'नक़्शे पर ग़ौर से देखिए, खेती की शुरुआत हुई 'फर्टाइल क्रेसेंट' से। यह क्रेसेंट या ईद के चाँद जैसा अर्ध-चन्द्राकार इलाक़ा कहाँ था जिसका एक सिरा मध्य एशिया में इज़राइल, फिलिस्तीन की गाज़ा पट्टी से उठता चला जाता है लेबनान, जॉर्डन और पश्चिमी सीरिया से होता हुआ दखिनी टर्की तक, और फिर घूमकर चला जाता है उत्तरी इराक़ में दरिया दज़ला और फ्रात के मेल तक। जौ और गेहूँ की खेती यहीं से चलकर दुनिया भर में फैली। क़रीब बारह हज़ार बरस पहले 'मिनी आइस-एज' लघु हिमयुग की सूखी आब-ओ-हवा की वजह से इस इलाक़े के जंगली अनाज के खित्ते और जानवर कम होते गए। लोग अनाज जुटाने दूर-पास टटोलने लगे। इस टोह ने जंगली अनाज वाले हिस्सों की साफ़-सफाई और हिफ़ाज़त के बाद धीरे-धीरे उन्हें उपजाने की हिकमत सीखी। घुमक्कड़ अहेरियों के कबीले घुमक्कड़ी छोड़कर एक जगह बसे तो धरम-करम, खेती-बारी, बड़े समाज, कला और क्राफ्ट (दस्तकारी) वग़ैरह का विकास हुआ।'

गुरु जी का ख़ास तौर पर ज़ोर रहता—यहाँ शुरू हुई खेती की धुरी रहे नतूफ़िआ, अबू हिरेयरा, म्युरेबिट, टेल कार्मेल, चटल होयूक और चायून्यू जैसे पुराने गाँव नक़्शे पर मार्क कराने पर। कहते—'नक़्शा नहीं देखिएगा तो सब इतिहास और पुरातत्त्व हवा में ही टंगा रहेगा, भीतर तक उतरेगा नहीं।' तब कभी ख़याल में नहीं आया कि यह इलाक़ा, इस तरह दूर-दूर तक घूम-टहल कर, अपनी आँखों देख सकूँगा। मन ही मन नेशनल जिओग्राफ़िया वालों को लाख-लाख दुआएँ दीं।

---

* तब मुझे नहीं मालूम था कि वे उम्र में मुझसे दो महीने छोटे हैं और गोबेक्ली टेपे पर मुलाक़ात के बमुश्किल दो महीने बाद ही इस दुनिया को अलविदा कहने वाले हैं। लगता है बस हमारे वहाँ आने की राह देख रहे थे। हम उन्हें हमेशा याद रखेंगे और उनकी यहाँ की खोजों की शोहरत हमेशा-हमेशा के लिए अमर रहेगी।

19

6 मई, 2014

मुसिफ़िरी

दोपहर के खाने के लिए सालिन ऊर्फ़ा लौटाकर जिस रेस्टोरेंट में ले जाया गया उस के नाम—कवाहेरी कोनुक एवी ने ध्यान खींचा। क्या मतलब हुआ इसका? वहाँ तो बताने वाला कोई मिला नहीं लेकिन 'गूगल बाबा' ने झट बताया—मुसिफ़िरी मतलब 'गेस्ट हाउस'। आगे समझते देर ना लगी कि अहा तो यह लफ़्ज़ बना है मुसाफ़िर से, जहाँ ठहरते हैं मुसाफ़िर वो हुआ मुसिफ़िरी जो अपने मुल्क तक मुसाफ़िरी करते पहुँचकर मुसाफ़िरख़ाना बन गया। फिर, जहाँ कहीं मुसाफ़िरख़ाना बने उनमें से कुछ जगहों-आबादियों का नाम भी उन्हीं की वजह से मुसाफ़िरख़ाना पड़ता गया, जैसे अपने उत्तर प्रदेश में सुल्तानपुर ज़िले वाला मुसाफ़िरख़ाना। वाह! लफ़्ज़ भी बनते-बिगड़ते कितना लम्बा सफ़र करते हैं। जैसे मुसाफ़िरी लफ़्ज़ ने तुर्की से हिन्द तक और जाने कहाँ-कहाँ तक।

दरवाज़ा लाँघते सामने आया हरियाली भरा सहन। भीतर नीचे-ऊपर रेस्टोरेंट के खाने के कमरे। बीचोबीच एक फव्वारे के चारों ओर चौकोर आकार में सटी मेज़ों पर क़रीने से सजी प्लेटें। हम लोग इनके साथ लगी कुर्सियों पर जाकर बैठ गए। कुछ लोग बग़ल के कमरे में ज़मीन पर बिछी कालीन पर सजे साझा दस्तरख़्वान पर खाते-पीते दिखे। 'हलील उर रहमान दरया' के क़रीब, उन्नीसवीं शताब्दी के दूसरे पहलू में, बनी 'हाजी मुस्तफ़ा विला' की इस विरासती इमारत को मुसाफ़िरख़ाने और रेस्टोरेंट में बदलकर इस्तेमाल करने का यह एक बेहतरीन नमूना है।

तरह-तरह की खाने की तश्तरियाँ लेकिन अपने जैसों के लिए जीने का सहारा तो नसीब से जौ का दलिया और दो गिलास 'आरियान' (छाछ) ही रहे। खाने के बाद चलने को हुए तो हमारी बसों के सारे ड्राइवर पता नहीं कहाँ दफ़ा हो गए थे। मुझे अपने वतन के ऐसे वाकये याद आने लगे। कबूतर तो कबूतर ही ठहरे, दुनिया के किसी भी कोने में बसेरा करते हों, उड़ते एक से ही हैं। ड्राइवरों के इन्तज़ार में सहन में बैठे, सड़क पर टहलते नज़ारे लिए, गुफ़्तुगू करते, घूम-घूमकर थोड़ी ही दूर दीखती बुलन्द इमारत, उस पर लहराते लाल कौमी परचम और सामने ही सड़क से लगी 'वली फुअत बे स्ट्रीट' (Buyukyol) की मस्जिद पर नज़र डालते रहे। मस्जिद की जगह पर उससे पहले 457 ईस्वी में बना एक चर्च था, इसका इस्तेमाल 'सलादीन' ने कुछ वक़्त के लिए मस्जिद की तरह भी किया, आगे वह

इमारत खँडहर की सूरत में वीरान रही जिस पर तामीर मस्जिद 1993 में सजदे के लिए खोली गई और वह 'सलादीन मस्जिद' कहलाई।

ड्राइवर वक़्त पर मिल जाते तो शायद आसपास की मशहूर जगहें और इमारतें भी हमें तफ़सील से दिखलाई जातीं, जैसे पैगम्बर इब्राहिम की पैदाइश की जगह, ऊर्फ़ा कैसल और अनजिलाह लेक की मछलियाँ।

यहाँ आमतौर पर कही-सुनी जाने वाली मुस्लिम रिवायत की मानें तो पैगम्बर इब्राहिम बुत-परस्ती के इतने ख़िलाफ़ थे कि अपने बाप के बुत-पूजा नहीं छोड़ने पर उन्हें ही छोड़ दिया। बस्ती वालों की सारी मूर्तियाँ तोड़ डालीं। मन्दिर के पुजारी और बेबीलोन के वक़्त-ए-बादशाह नेमरूद के हुकुम से उन्हें ज़ंजीरों में जकड़ कर जलती आग में फेंक दिया गया लेकिन ख़ुदा के फ़ज़ल से उनका बाल भी बाँका नहीं हुआ। आग की जगह गुलाब के बगीचे में बदल गई। लोगबाग यह चमत्कार देख दंग रह गए और मान लिया कि उन्हें उनके अल्लाह ने ही बचाया। उनमें से ज़्यादातर ने अल्लाह को मान लिया और इब्राहिम या अब्राहम को माना उनका पैगम्बर (सन्देशवाहक)।

नेमरूद की बेटी ने भी इब्राहिम का मज़हब अपना लिया तो नेमरूद ने उसे भी आग में फेंकवा दिया जिसमें उसकी काया तो भस्म हो गई लेकिन जहाँ वो अल्लाह को प्यारी हुई वहीं से एक झील का पानी फूटा जो अनजिलाह लेक कहलाई। जिसे इतना पाक माना गया कि आज भी इसमें पलने वाली मछलियाँ मारने, पकड़ने और खाने-पकाने की बात सोची भी नहीं जा सकती।

इब्राहिम ने दुनिया के एक नहीं तीन-तीन बड़े मज़हबों—यहूदी, क्रिस्तान और इस्लाम में बड़ी इज़्ज़त हासिल की। तीनों ने उन्हें अपना प्रणेता माना। पहले ने 'फ़ादर ऑफ़ कान्वेंट', दूसरे ने 'फ़ादर इन फेथ' और तीसरे ने 'अल्लाह का दोस्त' कहा।

इस इलाक़े में ही देखी—मेवलीद-ई-हिलाल मस्जिद। मेलविद के मायने है पाक-जनम मतलब जनम की जगह। माना जाता है कि पैगम्बर इब्राहिम का जनम पास की ही एक गुफा में हुआ था। इसीलिए मस्जिद का यह नाम पड़ा। सेल्यूकस के वक़्त में यहाँ एक पगान मन्दिर बनाया गया। यहूदियों ने अपनी एक इबादतगाह (सिनेगॉग) बनाई 150 ईस्वी में। फिर, सोलहवीं शताब्दी में यह मस्जिद बनी।

'ऊर्फ़ा कैसल' (ऊर्फ़ा का क़िला) के इलाक़े में ही मिली बारह हज़ार बरस पहले तक की आदम विरासत बताए जाने वाले निशानों में शामिल चूना-पत्थर पर तराशी गई आदमक़द आदमी की मूर्ति जो सबसे प्राचीन बुतों में गिनी जाती है। आज वो ऊर्फ़ा म्यूज़ियम में 'बालिकीगोल स्टेचू' के नाम से प्रदर्शित है। इसी इलाक़े में बाद में आज से क़रीब चौदह सौ से नौ सौ बरस के बीच क़िला मुकम्मल

हुआ। यहाँ 240-242 ईस्वी में खड़े किए गए दो यादगारी खम्भों में से एक पर लिखा है—मैं हूँ सूरज का बेटा अफतुहा, राजा मनू की बेटी शालमेथ के नाम पर मैंने बनवाया है यह खम्भा और बुत।

आधे-पौन घंटे बाद अगले मुक़ाम के लिए निकले तो बस की खिड़कियों से मिले ऊर्फ़ा के हवाई दीदार से ही तसल्ली करनी पड़ी। किसी पुरानी इमारत की चहारदीवारी के आसपास ख़ासे सैलानी, साफ़-सुथरी सड़क, पुराने शहर की ऊपर उठती बसावट और इमारतों के बीच से सर उठाए मस्जिद की मीनारें, पुराने सलिन ऊर्फ़ा की एक झलक, लब-ए-सड़क बाज़ू वाले पहाड़ी कटान में कटी पुरानी गुफाओं की तसवीरें उतारते बढ़ते गए, चाह कर भी नहीं जान पाए गुफाओं की कहानी और इतिहास।

एक और रेस्टोरेंट दिखा, इसका नाम पढ़ा—गुलीज़ार कोयुक एवी। अब तक अपन कोयुक एवी के मायने जान कर चटक हो चुके थे, तुरत समझ गए—गुलीज़ार यानी गुलज़ार (चहल-पहल वाला) मुसाफ़िरख़ाना। आबादी छूटी, पेड़ छूटे। आगे, सूने विस्तार वाले ज़मीनी मंज़र के साथ-साथ बढ़ते हुए क्रिस और कुछ साथियों में हो रही चर्चा में सुना—'किसी बाँध के किनारे निकली दो हज़ार बरस से भी ज़्यादा पुरानी बसावट के निशान और शीशे की ख़ूबसूरत पच्चीकारी (मोज़ैक) देखने जा रहे हैं।'

चलते-चलते जा पहुँचे एक पहाड़ के आगे दूर तक काँटेदार बाड़ से घिरे छोटे-छोटे खेमों वाले रिफ़्यूजी कैम्प (शरणार्थी शिविर) के किनारे। सभी तरफ़ से बन्द घेरे में सैकड़ों चन्द-रोज़ा खेमों की डोरियों पर सूखने के लिए डाले गए कपड़े, और बीच-बीच की खाली जगह में खेलते हालात से बेख़बर प्यारे-प्यारे नन्हे बच्चे, मुश्किल से दीखते आदमी या हिजाब वाली मोहतरमाएँ। किसी ने बताया ये सीरिया में चल रहे सिविल वार की वजह से भागे महाजिरों (रिफ़्यूजियों) के डेरे हैं। सीरिया की खाना-जंगी, आग का पहला-पहल भभका और उस मुल्क की सरहद नज़दीक होने का एहसास हुआ। अपने मादरे वतन से अपने घरों को छोड़कर कहीं और जाकर पनाहगाहों में रहने की मजबूरी कितनी दुखदायी हो सकती है उसका दर्द वो लोग ही समझ सकते हैं जिन्हें ऐसा भुगतना पड़ा हो। वजहें चाहे जो भी हों मासूम बच्चों-औरतों तक को ऐसा करने के लिए मजबूर करने के हालात पैदा करने वालों को कभी जायज़ नहीं ठहराया जा सकता।

हम समझे वहीं उतरना है इसलिए अपना-अपना लैपटॉप बैग सँभालकर उठने लगे लेकिन तब तक पता चला भटक कर ग़लत रास्ते आ गए हैं। असल में तो हमें एक मोड़ पहले ही बाएँ बाज़ू वाला रास्ता पकड़ना था। यह ग़लती मालूम होने पर हमारी सवारियों का कारवाँ यू-टर्न लेकर उधर ही चल पड़ा।

20

6 मई, 2014

जेउगमा

दो पहाड़ियों के बीच के संकरे रास्ते से निकलने पर दरया-ए-फ़्रात का नीला पानी दूर-दूर तक लहरा मारता नज़र आने लगा। हमारी सवारियों का जत्था नीचे उतरकर एक ढलावदार जगह पर थम गया। कुछ ही देर में एक शानदार कार से गाज़ियान टेप शहर की मेयर मोहतरमा फ़ातमा शाहीन का आना हुआ। औसत से कुछ कम क़द की लेकिन असरदार, गोल गोरे चेहरे पर जंचता चश्मा, कटे छितराते बाल, ठसक के साथ उतरीं। हमारे साथ चल रहे आयोजकों में से ख़ास-ख़ास लोग उनकी ओर बढ़ गए। ख़ैरमक़दम के बाद अगल-बग़ल चल रहे लोगों से बातें करतीं वे अपनी हाई हील वाली सैण्डिल खटखटाती आगे-आगे और हम सब उनके इर्द-गिर्द पीछे-पीछे बढ़ गए।

थोड़ी ही ऊँचाई पर बनाए गए स्टेनलेस स्टील का पारदर्शी ऊँचा छाजन दिखने लगा। बहुत सलीक़े और होशियारी के साथ इसे इस तरह तैयार किया गया है कि उस जगह पर पुरातात्त्विक उत्खनन से रोशन हुए अवशेष बरसाती पानी से बच कर संरक्षित रह सकें, और साथ ही वहाँ आने वाले सैलानी और आलिम-फ़ाज़िल उन्हें अच्छी तरह देख-गुन भी सकें। धीरे-धीरे ढलान पर चढ़ते हुए हमें उस छाजन के नीचे की पुरानी बसावट के निशान दिखाने ले जाया गया। ऊपर लगी रेलिंग के किनारे से हम उसकी और ज़मीन के नीचे से निकली मोज़ैक की हज़ारों बरस पुरानी कहानी सुनने लगे—

> 'सन 2000 में, फ़्रात दरया का बहाव रोक कर बनाया जा रहा यह बराज बनकर पूरा हुआ तो घाटी में भरते पानी की सतह हर रोज़ औसतन चार-चार इंच ऊपर उठने लगी। इस हिसाब से छह महीने में पुरानी बसावट का भी डूबना तयशुदा हो गया। डूबते को तिनके का नहीं दुनिया भर का सहारा मिला। यह ख़बर दूर-दराज़ तक पहुँचने लगी तो यहाँ के बेहद ख़ूबसूरत मोज़ैक को निकालकर सहेजने के लिए एक साल से यहाँ कन्नियाँ चला रहे पुराविदों को दुनिया भर से निजी और सरकारी मदद मिलने लगी। इटली के सबसे हुनरमन्द लोगों ने खुले दिल से इस काम में हाथ बँटाया।
>
> 'क़रीब तेईस सौ बरस बीते सिकन्दर महान के सिपहसालार सेल्यूकस निकेटर ने फ़्रात दरया के पश्चिमी किनारे पर सेल्यूकिआ या सैनिक छावनी

बसाई और पूर्वी किनारे पर अपनी रानी के नाम पर एक क़स्बा बसा कर दोनों बस्तियों को एक पैंटून पुल से जोड़ दिया। सवा तीन सौ बरस बाद (ईस्वी सन् 64) रोम वालों ने सेल्यूकिआ को जीत कर उसका दूसरा नाम 'जेउगमा' रखा जिसके मायने ग्रीक जुबान में हुए 'पुल' या 'क्रॉसिंग'। फ़ौजी अहमियत के चलते यहाँ रोमन राजाओं के एक नहीं दो-दो लश्कर मुकम्मल तौर पर मुस्तैद रहते। इसी रास्ते पूरब की ओर, पर्सिआ-साग्दोनिआ से आगे पामीर चढ़कर चीन जाने वाले सिल्क-रोड पर उन दिनों सौदागरों के काफ़िलों की धूम रहती जिनसे वसूला जाने वाला महसूल आमदनी का ख़ासा ज़रिया बन गया। आने-जाने वालों के मज़हब ने भी यहाँ की तहज़ीब में अपने रंग घोले। बीस से तीस हज़ार की आबादी वाले इस शहर को रोमन हुकूमत की पूर्वी सरहद के सबसे बड़े, जंगी और रईस शहर के रूप में गिना गया। लेकिन फ़ारस के ससानिद हमलावरों ने सन 253 में यहाँ के आरामदेह मकानों को नेस्तनाबूद कर डाला और इनके खँडहर जानवरों के पनाहगाह में तब्दील हो गए। नए बाशिन्दों में गाँव वालों की तादाद ही ज़्यादा रही। फिर सत्रह सौ बरस से भी ज़्यादा वक़्त तक ज़मीन की परतों में दफ़न रही 'जेउगमा' की अहमियत बाँध के पानी में डूबते-डूबते फिर से उबर कर मीडिया के सिर-माथे दुनिया-जहान में छा गई।

'जो ज़मीन बाँध के बढ़ते पानी में समाने वाली थी उसके नीचे से मोज़ैक के जो पैनल निकलते गए उन्हें सिरज-सहेज कर गाज़ियानटेप में बन रहे म्यूज़ियम में सजाने-दिखलाने के लिए ले गए। जबकि पानी से ऊपर की सतह के नीचे से निकले मोज़ैक फ़र्शों पर ऊँची छाजन के नीचे जहाँ के तहाँ जस के तस संजो दिये गए, जिन्हें देखने लोग अक्सर यहाँ आया करते हैं।'

लम्बे समय से मोज़ैक के पैनल पर जमी धूल से धूमिल पड़ चले फ़र्श पर गीला पोतारा फेरने पर नफ़ीस मोज़ैक की चमकदार सतह उभरकर हैरत में डालने लगी। हम सोचने लगे—जिन घरों का फ़र्श इतना ख़ूबसूरत है उनके बाक़ी के हिस्से कितने शानदार रहे होंगे।

बताया गया, यहाँ से निकले मोज़ैक से सजा कर बनाई गई एक लड़की की तसवीर को 'जिप्सी गर्ल' कहा गया, और दूसरे फ़र्श पर बनी तसवीरों को पहचाना गया 'ग्रीक माइथोलॉजी' से जुड़े किरदारों से, तीसरे पर बने थे ग्रीक और रोमन समुद्र देवता। यह भी बताया गया कि इन सबको दर्शाया गया है पड़ोस के गाज़ियान टेप शहर में 30 मिलियन डॉलर की लागत से बनकर तैयार हुए अल्ट्रा मॉडर्न (अत्याधुनिक) जेउगमा मोज़ैक म्यूज़ियम में और हम सब उन्हें देखने के लिए चलेंगे अब उसी ओर।

रास्ते में एक जगह और अटके, मोहतरमा मेयर की मेहमानवाज़ी में बराज की जेट्टी से बँधे क्रूज़ की सवारी का मज़ा लेने। लाल परचम, लाल पट्टों और पीले फूलों से सजे लक्क-दक्क सफ़ेद क्रूज़ के दरवाज़े पर अगवानी के लिए रंगीन लिबास में सजी, माथे पर चाँदी का मुकुट पहने, कमसिन युवती ने मुस्कुराहट बिखेरते हुए हाथ में क़रीने से सँभाली तश्तरी से हर एक को मिठाई पेश की।

हम क्रूज़ पर सवार हो गए। मोहतरमा मेयर की ख़ास टेबल के चारों घेरे में क्रिस, प्रोफ़ेसर ज़र्रार, प्रोफ़ेसर करिंगा और दूसरे ख़ास लोग और बाक़ी पर हम सब प्रतिभागी और मेहमान। सभी ख़ासो-आम के लिए खान-पान का एक और दौर चला। नीले लहराते पानी को तेज़ी से चीरता आगे की ओर लहरों पर झूलता क्रूज़ चला तो पीछे से एक छोटी बोट हमारी हिफ़ाज़त में साथ-साथ चलती रही। इरादा तो दूर तक ले जाने का था लेकिन वक़्त की कमी ने बस कुछ ही देर की एक 'ज्वाय राइड' (मज़ा लेने भर की सवारी) का मौक़ा दिया। इससे उतनी ही सही, सैर-सवारी में मज़ा आ गया। यह भी समझ आया कि टर्की के लोग अपने इस बराज को कितनी बड़ी कामयाबी मानकर ख़ास अहमियत देते हैं और अपने मुल्क में आने वालों को दिखलाने में कितना फ़ख़्र महसूस करते हैं।

21

6 मई, 2014
वो उनका हीरो

अगले ठिकाने तक पहुँचते रात की चादर उतर आई। एक और अनजाना शहर खुलने लगा। जिस होटल पर हमारी बसें ठहरीं वहाँ चेक-इन करने वालों की लम्बी क़तार और भीड़-भाड़ की वजह से हमें तनिक इन्तज़ार करना पड़ा। इंतज़ामकारों ने हमारे पासपोर्ट एक साथ जमा करके काम आसान कर दिया। जब तक रजिस्टर में इन्दिराज होते, हम एक किनारे खड़े होकर आसपास का मुलाहिज़ा लेने लगे। निगाह ठहर गई होटल के नाम पर—तैमूर इंटरनेशनल होटल। इंटरनेट पर मौजूद दास्तानों से जाना कि—

> 'छह सौ बरस बीते, आमू दरया और सीर दरया के कांठे और पास-पड़ोस में बह रही मौज़ूँ आब-ओ-हवा के दौर में, 'शहर-ए-सब्ज़' नाम से मशहूर

'केश' के पास एक मंगोल कबीले में पैदा हुए 'तैमूर' का नाम आगे चलकर तवारीख के सफ़हों पर छा गया। वह कबीला 'चंगेज़ ख़ान' के लश्कर के साथ आकर कज़ाकस्तान के उस दक्षिणी हिस्से में बस गया था जो बाद में मुगलिस्तान भी कहलाया। सोहबत में आकर उन्होंने मुक़ामी तुर्कों के चाल-चलन अपनाए और तुर्की जुबान बोलने लगे। फिर, इस्लाम अपनाने के बाद फ़ारसी तहज़ीब, जुबान और अदब का ख़ासा असर भी जज़्ब किया।

'छोटे से अमीर का बेटा तैमूर था तो मुस्लिम और दूसरे कबीले का लेकिन अपने आप को 'चंगेज़ ख़ान' का वारिस मानता रहा। एक हमलावर मुग़ल दस्ता आठ-नौ साल की उमर में भाइयों और माँ सहित क़ैद करके उसे समरकन्द ले गया। बचपन के दिनों में वह अपने कुछ साथियों के गिरोह में तिज़ारती दस्तों के असबाब और जानवर लूटता रहता। माना जाता है कि 1363 के दरमियान वह एक भेड़ चुराने की फ़िराक़ में गड़रियों के तीरों से ज़ख़्मी होकर एक पैर से लंगड़ा और एक हाथ से अपाहिज हो गया। दूसरी कहानियों में उसके ज़ख़्मी होने की अलग-अलग दूसरी वजहें बयान की जाती हैं।

'ज़मीन से उठे तैमूर ने धीरे-धीरे अपनी हस्ती इस क़दर बुलन्द कर ली कि 1370 ईस्वी तक चंगेज़ ख़ान के ख़ानदानियों की हुकूमत वाले इलाक़े के पश्चिमी हिस्से पर उसका क़ब्ज़ा हो गया, जिसे धुरी बनाकर ख़ास तौर पर तुर्की फ़ौजियों के दम पर, चलाई मुहिम की बदौलत वह पश्चिम, दक्खिन और मध्य एशिया का सबसे ताक़तवर हाकिम बनकर उभरा। एक के बाद एक, उसने कैस्पियन सागर से अराल सागर और वोल्गा के किनारे तक, मिस्त्र, सीरिया, समूचे पूरबी ईरान, उत्तरी इराक़, पश्चिमी टर्की और दिल्ली की हुकूमतों को बुरी तरह से छिन्न-भिन्न करके रौंद डाला। उसके एक सिपहसालार ने उसकी शह पर आज के रूस तक धावा मार कर मास्को को भी जलाया।

'तैमूर के दस्ते जिधर भी चले उधर आग और लहू का सैलाब चला। ईरानी शहर इस्फ़हान के लोगों की बग़ावत का जवाब उसने हज़ारों मासूमों के क़त्लेआम और उनकी खोपड़ी की मीनारें उठवा कर दिया। मेसोपोटामिया से एशिया माइनर और अफ़ग़ानिस्तान पर कहर बरपा करने के बाद उस पर क़ाफ़िरों का ख़ात्मा करके इस्लाम का सूरमा बनने का फ़ितूर सवार हुआ। अपने अमीरों को कुरआन की एक आयत का हवाला देकर उकसाया। इंटरनेट पर मौजूद उसके तज़्क़िरे 'तुजुके तैमूरी' के काफी बाद के तर्जुमे पर यक़ीन करें तो इस इरादे तक आकर वह ग़फ़लत में पड़ गया कि चीन

के क़ाफ़िरों पर हमला करे या हिन्द के देवी-देवताओं को पूजने वालों और क़ाफ़िरों पर? किधर का रुख़ करे और किधर का नहीं?

'ऐसे में इस मुद्दे पर अपने एक शहज़ादे से यह सुनकर तैमूर बहुत ख़ुश हुआ कि पूरा हिन्द हीरे-जवाहरात से भरा है, सोने-चाँदी, हीरे, रूबी, एमराल्ड, लोहे, ताम्बे वग़ैरह की सत्रह खदानें हैं, ऐसी फसलें होती हैं जिनसे पहनने की पोशाक, ख़ुशबूदार इतर और शकर बन जाए। वहाँ रहती है सदाबहार हरियाली से ढकी ख़ुशगवार ज़मीन। ज़्यादातर बाशिन्दे हैं क़ाफ़िर और बुत-परस्त जिन्हें फ़तह करना हमारे लिए अल्लाह और पैगम्बर का फ़रमान है।

'मगर कुछ अमीरों ने शुबहा जताया—इंशाअल्लाह, हम हिन्द-फ़तह करने में क़ामयाब होंगे। मगर अगर वहाँ मुकम्मल तौर पर बस गए तो हमारी औलादें वहाँ के बाशिन्दों जैसी काहिल हो जाएँगी, जिससे हमारी अगली नस्लों की ताक़त और बहादुरी जाती रहेगी। यह सुनकर उसके फ़ौजी कमांडर कसमसाने लगे तो तैमूर ने उन्हें कुछ इस तरह समझाया—हिन्द पर हमला करने का मक़सद है क़ाफ़िरों को सच्चे मज़हब में शामिल कर के उस ज़मीन को पाक बनाना। यह सुनकर सब ख़ुशी-ख़ुशी राज़ी हो गए। और फिर आग-लहू-लोहे का दरया हिन्द की ओर अफना चला, रस्ते में आए काबुल से कश्मीर के बीच बसे कटोर, आगे और आगे बढ़कर लोनी का क़िला, और फिर, दिल्ली का क़त्लेआम, शमशीर खींच लेने वाले बग़ावती हों या मज़हब और आज़ादी पसन्द निहत्थे दीवाने, सब की कटी खोपड़ियों से ऊँची उठती मीनारें। वैसा ही डरावना और बीभत्स नज़ारा जैसा इसके पहले ईरान और बाद में जोर्जिआ, अर्मीनिआ, दमिश्क, बग़दाद और अंकारा में दिख चुका था।

'फिर भी तैमूर चीन को पाक बनाने का अपना पुराना मंसूबा भूला नहीं। आख़िरी वक़्त में चल पड़ा वहाँ क़ायम मिंग हुकूमत को तबाह करने। मगर इससे पहले कि वह चीन पर हल्ला बोल पाता 'सीर दरया' के उस पार के डेरे में उकाब की तरह झपटते प्लेग ने उसी पर हमला बोल कर उसके पिंजर का पल्ला खोल दिया। सत्रह फरवरी 1405 में अतरार में उसकी आख़िरी साँसें चलीं। इस तरह समूची दुनिया सर कर लेने की ख़्वाहिश रखने वाले एक और सूरमा का सपना भी ज़मींदोज़ हो गया। उस वक़्त तैमूरी हुकूमत के परचम लहरा रहे थे दक्षिण टर्की, सीरिया, इराक़, ईरान, मध्य एशिया के कज़ाखस्तान, अफ़ग़ानिस्तान, अर्मेनिया, अज़रबैजान, जिओर्जिआ, तुर्कमेनिस्तान, उज़्बेकिस्तान, किर्गिज़तान, पाकिस्तान के बहुत बड़े हिस्से और चीनी तुर्किस्तान (ज़ीजिआंग राज्य) के काशगर की ओर जाने वाले रास्ते तक लेकिन उसके जाने के बाद जल्दी ही तितर-बितर हो गए।'

एक हिसाब के मुताबिक़ तैमूर ने उस ज़माने में दुनिया की कुल आबादी के पाँच फ़ीसदी यानी 1.7 करोड़ अफ़राद क़त्ल कराए, हालाँकि इस गिनती की तस्दीक के लिए और सुबूतों की ज़रूरत होगी। हो सकता है असलियत इससे कुछ अलग हो मगर हिन्द ही नहीं कई मग़रिबी मुस्लिम मुल्कों की रवायत में भी उसे एक वहशी, बर्बर और ज़ुल्मी हमलावर की शक्ल में देखने की कुछ तो वजह होगी ही।

कहीं-कहीं उसकी और उसके लश्कर की बहादुरी की तारीफ़ कुछ उसी अन्दाज़ में बढ़ा-चढ़ाकर बयान की गई लगती है, जैसे हमारे चारण-भांट या जगनिक के भाईबन्द लिखते रहे—'एक का मारैं, दुइ मर जावैं, तिसरा खौफ खाय मर जाय।' मिसाल के तौर पर लोनी और दिल्ली में घर-बार-परिवार फूँक, सिर पर कफ़न बाँधकर, तैमूर की फ़ौज से लड़ने निकले वीरों ने उसके कितने फ़ौजी मारे, उसका ज़िक्र उसके तवारीखदानों ने कुछ इस तरह किया है जैसे आजकल की जंगों में अपने-अपने रेडियो पर ख़बर सुनाई जाती है—'दुश्मन के सौ आदमी हलाक और हमारे दस शहीद।' जीतने वाले जैसा चाहें अपना बख़ान कर लें, ये समझना कोई पहेली नहीं कि सब कुछ लुटाकर लड़ने वाले दीवानों ने कितनों का ही लहू बहाने के बाद मौत को चूमा होगा।

उधर तैमूर के हमवतन उज़बेकी उसे गाज़ियाना अन्दाज़ से देखते और उस पर नाज़ करते नहीं अघाते। ताशकन्द में उसकी यादगार कौमी सूरमा मानकर उसी जगह तामीर कराई गई है जहाँ कभी कार्ल मार्क्स का कद्दावर बुत खड़ा रहता था। हमारे होटल की तरह बहुत सी इमारतों और लोगों के नाम उसके नाम पर रखे गए। यहाँ तक कि पाकिस्तान ने भी अपनी एक मिसाइल का नाम उसके नाम पर रख छोड़ा है, मानो तैमूरी तलवारें उनके इलाक़े में मौत और आग नहीं फूल बरसाती रही हों। सोचता रहा—कैसे एक खित्ते का वहशी दूसरे का हीरो (ग़ाज़ी) बन जाता है।

तैमूर की शख़्सियत के कुछ और पहलू भी क़ाबिले गौर रहे—सब कुछ के बाद भी वह जंगी मामलों का ग़ैर-मामूली दानिशमन्द, कई ज़ुबानों (फारसी, मंगोली और तुर्की) का जानकार और बेहद चालाक शख़्स माना गया है। जैसी ज़रूरत हुई उसने इस्लाम और मंगोल रवायत का अपने सियासी हक़ में बख़ूबी इस्तेमाल किया। जंग के वक़्त वह कितना ही वहशी रहा हो, फ़तह के बाद आलिमों, फ़नकारों और मुमताज़ अफ़रादों को बख़्श कर अपने काम में लाने में कसर नहीं रखी। उसके उसके ख़ानदान से जुड़े बाबर और उसकी अगली पीढ़ियों में जन्मे अकबर, शाहजहाँ और औरंगज़ेब के नाम हिन्द में किसने नहीं सुने!

गड़े मुर्दों की तहक़ीक़ात करने वाले एक सोवियत एन्थ्रोपोलॉजिस्ट ने 1941 में तैमूर के ज़िस्म को क़ब्र से निकालकर उसका जायजा लेने के बाद उसे

चौड़े सीने, मज़बूत जबड़े, मंगोल और काकेशियन नाक-नक़्श वाला, एक पैर से लंगड़ा, लम्बे क़द का शख़्स बताया। कहा जाता है कि उसकी क़ब्र पर लिखा था—'जब मैं मर कर उठूँगा तो दुनिया हिल उठेगी।' और यह भी कहा जाता है कि उसका जिस्म क़ब्र से निकाला गया तो कफ़न के अन्दर एक और लेख मिला—'जो भी मेरी क़ब्र को खोलेगा वह मुझसे भी ज़्यादा ख़तरनाक हमलावर को खड़ा कर देगा।' और देखिए जिस दिन उस रूसी ने उसकी क़ब्र खोली उसी दिन हिटलर ने रूस पर हमला किया और उसे दोबारा दफ़न करने के बाद स्टालिनग्राद की जंग में रूस की जीत हुई। अगर यह बात सचमुच सही है तो कहना ही होगा—वाह! कितना बड़ा नजूमी रहा होगा यह इबारत लिखवाने वाला।

22

6 मई, 2014

मोज़ैक म्यूज़ियम से रेशम मार्ग (सिल्क रूट)

होटल के कमरे में सामान ढकेलकर, एक और नए शहर गाज़ियान टेप की सड़कों पर झाँकते, जेउगमा म्यूज़ियम देखने गए, जिसे ख़ास तौर पर हमारे लिए रात में भी खुलवाया गया था। सबसे पहले, इलाक़े की तवारीख, ग्रीक-रोमन विरासत और मोज़ैक पर बनी छोटी सी 'थ्री डी' फ़िल्म देखी, जिसमें म्यूज़ियम की नुमाइशों का मोटा-मोटा ख़ाक़ा समझाया गया। फ़िल्म देखने के बाद आगे की एक से बढ़कर एक नुमाइश समझना आसान हो गया। फिर, थके क़दमों यूँ ही घूमते हुए रोशनी में फबी मोज़ैक देखते और बार-बार वाह-वाह करते रहे।

सन 1998 में निकले अठारह सौ बरस पुराने मोज़ैक को, जिसका ज़िक्र ऊपर जेउगमा के सिलसिले में पहले भी किया जा चुका है, उस पर निरूपित लड़की की सूरत के नैन-नक़्श किसी खानाबदोश लड़की जैसे लगने की वजह से उसे 'जिप्सी गर्ल' नाम मिला। इसकी एक झलक पाने के लिए बहुतेरे सैलानी इसे देखने खिंचे चले आते हैं। उतना ही पुराना दूसरा पैनल किसी तरण ताल या

खाने के कमरे (डाइनिंग रूम) के फ़र्श में लगा रहा होने का अन्दाज़ लगाया जाता है। इस पर रंगीन मोज़ैक से दिखलाए गए आगे से घोड़े और पीछे से मछली के आकार वाले सोने के रथ पर सवार हाथ में त्रिशूल सँभाले असरदार शख़्स की पहचान समुद्रों, नदियों, सैलाब और जलजले जैसे आफ़त-विपत वाले ग्रीक देवता पोसिडोन (Poseidon) से की गई है।

मोज़ैक से बनी जिप्सी गर्ल की तसवीर, 'जेउगमा' संग्रहालय, टर्की

भित्ति-चित्रों पर नज़र डालते, आगे कांसे में ढली मंगल ग्रह की मूर्ति के सामने ठहरकर ग़ौर से परखने लगा तो ख़याल आया अपनी जनम-पत्री का, जिस पर यह देवता बड़ी वज़नी जगह पर बैठा है। नजूमियों और ज्योतषियों के गुणा-भाग जोड़-घटाने के हिसाब से जो कुछ मेरी ज़िन्दगी में ऊँचा-नीचा घटता है, ज़्यादातर इसी ग्रह के असर से। इस मूर्ति को देखने से पहले इधर ध्यान ही नहीं गया था कि मंगल ग्रह का तो डंका बजता है—हिन्द ही नहीं, सारे जहान में।

म्यूज़ियम की शानदार ऊँची इमारत, उसका फैलाव, डिस्प्ले की तकनीक (प्रदर्शन का तरीक़ा) और अन्दाज़, तरतीब, सलीक़े की रोशनी, प्रदर्शों के बारे में थोड़े में बख़ूबी बयान करते साइनेज (सूचना-पट्ट), यक़ीनन लाजवाब। बीच में सहन छोड़कर सटी उसी इमारत के दूसरे हिस्से में एक कैंटीन, क्युरिओ शॉप (कलाकृतियों की दुकान), और छोटे-बड़े ऑडिटोरियम, सब कुछ अत्याधुनिक एवं विश्व स्तरीय।

सहन में आते ही निगाह उठ गई सामने की टू-लेन चौड़ी सड़क के बीचो-बीच के डिवाइडर पर पूरब रुख़ में बढ़ते मूर्तियों में ढले कारवाँ की ओर—निहायत ख़ूबसूरती से गढ़े गए पुराने चलन के लिबास में सौदागर और असबाब लादे ऊँटों-गधों की क़तार, और उन पर पड़ती रोशनी का बेहतरीन मेल।

ध्यान आया कि हम सुदूर पूरब में धुर चीन से आने वाले पुराने ज़माने के मशहूर रेशम-मार्ग (सिल्क रूट) के मग़रिबी सिरे के नज़दीक आ पहुँचे हैं। एक ज़माने में ऊँट-घोड़ों पर या पैदल ही चलने वाले सौदागरों के क़ाफ़िले इस पर चलते चले जाते, यहाँ से पूरब की ओर और उधर से पश्चिम की ओर आते। इधर से जाने वाले आमू दरया के बाएँ बढ़ते, तुर्कमेनिया के आगे उज़्बेकिस्तान में बुखारा, समरकन्द से आगे—सागदोनिया व फरगना (किर्गिस्तान) की वादियाँ व मैदान पार करके, पामीर के पठार की दमतोड़ चढ़ाई चढ़ते, चीनी तुर्किस्तान के काशी (काशगर) में डेरा डालते, ऊपरी तारिम घाटी के रास्ते कूचा, उरुमची और दुनहुआंग में ठहरते, तकलामक़ान और गोबी रेगिस्तानों की रेत फाँकते, भीतरी चीन में ज़िआन तक और उसी रास्ते उतनी ही ज़हमत उठाते चलते-चलते आते इधर।

मोटे तौर पर आज से क़रीब इक्कीस सौ बरस बीते जब चीन की हान वंशीय हुकूमत ने चीनी तुर्किस्तान के पूर्वी सिरे पर दुनहुआंग पर क़ब्ज़ा हासिल किया। इसके बाद ये पुराना रास्ता उनकी देखरेख में आ गया। इस रास्ते से और बहुत सी जिंसों के अलावा चीनी रेशम का भी निर्यात यूरोप तक होता रहा। ख़ास तौर पर मुलायम रेशम का ऐसा सम्मोहन चला कि उन्नीसवीं शताब्दी में इस इलाक़े में खोज कर रहे एक जर्मन खोजी फरदीनांद वॉन रिचथोफन (Ferdinand von Richthofan) ने इस रास्ते का नाम ही रेशम-मार्ग रख दिया, जिसके बाद यह इसी नाम से मशहूर होता गया। फिर, यह नाम ऐसा चलन में आया कि किसी को यह जानने में ज़्यादा दिलचस्पी नहीं रह गई कि उसके पहले इसका क्या नाम रहा होगा। रही-सही कसर दुनिया में अपनी प्राचीन संस्कृति और आर्थिक दबदबे की साख ज़माने के साथ आज की दुनिया में अपनी धाक बढ़ाने के इरादे से की गई चीन की वन बेल्ट वन रोड पहल (ओबीओआर) ने पूरी कर दी, जिसकी वजह से दुनिया भर में आम लोग यह समझने लगे हैं कि यह कोई ऐसा रास्ता है जिसे चीन ने ही रेशम के निर्यात के लिए चलाया होगा।

जहाँ तक मेरा ख़याल जाता है इस रास्ते के रेशम के लिए मशहूर होने के बहुत पहले से ही सफ़री क़ाफ़िले इसे खूँदते चलते रहे होंगे। तभी तो क़रीब बाईस सौ बरस पहले ही हिन्द के बौद्ध प्रचारक और दूसरे घुमक्कड़ काशगर और कई और ठिकानों पर मुकम्मल ठिकाने बनाकर जम सके होंगे। कुछ लोगों का मानना है कि अभी हाल ही में चीन के 'उरुमची' से मिली क़रीबन पैंतीस सौ बरस पुराने

ज़मींदोज़ 'ममीफाइड' इनसानों पर की गई साइंटिफिक तफ़्तीश इनमें से कुछ के पश्चिम से जुड़े होने की ओर इशारा करती लगती है। इनमें से कुछ के हमारे इलाक़े से भी रहे होने की गुंजाइश हो सकती है।

उत्तरी हिन्द से अफ़ग़ानिस्तान के काबुल तक आने वाले दूसरे यात्रा-मार्ग का बयान उससे भी कम से कम पाँच सौ बरस पहले से ही हिन्द के बहुत पुराने अदब में 'उत्तरापथ' के नाम से बार-बार मिलता है। यह रास्ता सुलेमान पहाड़ के मशहूर खैबर दर्रे के पार जलालाबाद होकर आगे काबुल को जोड़ता रहा। उससे आगे यह जुड़ता रहा चारीकार होकर कोहे बाबा के 'सालंग दर्रे' व आसपास के पुराने दर्रों से गुज़र कर बल्ख के रास्ते 'आमू दरया' के उस पार समरकन्द में। काबुल से आगे इस पथ का एक और सिरा दक्खिन-पश्चिम में कन्दहार, हेरात, मशद होकर ईरान, बाबुल और एक और सिरा बामियान होकर तूरान की ओर जाता था। इस रास्ते पर चलने वाले हिंदियों के तिजारती माल में ख़ास तौर पर शामिल रहते मसाले (स्पाइस), मोती, महीन कपड़े, ख़ुशबूदार इतर, जड़ी-बूटियाँ, रंग, जवाहरात, हाथी दाँत की बनी चीज़ें और मिट्टी के बर्तन वग़ैरह।

उत्तरापथ के साथ उसके आसपास से या यूँ कहें कि उसी 'एलाइनमेंट' पर बाद के वक़्त में रॉयल रोड, बादशाही सड़क और जी टी रोड के रास्ते बने। इनकी सनद देते हैं, क़रीब तेईस सौ बरस तक पुराने, जलालाबाद के आगे हड्डा, कन्दहार के आसपास मिले मौर्य सम्राट अशोक के अभिलेख और 'कोहे बाबा' के पार सिकन्दर के बल्ख से आगे बढ़ने की दास्तान। आज हमें भले ही दूर के लगें, पुराने ज़माने के सौदागरों और सैलानियों के लिए, इन रास्तों पर आगे बढ़कर कैस्पियन पार करके पूर्वी यूरोप और समरकन्द के उत्तर में मास्को तक पहुँचना बहुत मुश्किल नहीं रहा होगा। अब अगर इस बिना पर हम आगे के यूरोप के अलावा पूरब-पश्चिम और मध्य एशिया आने-जाने वाले यात्रा-मार्गों के पूरे तंत्र को ही, कथित रेशम-मार्ग की तर्ज़ पर, उत्तरापथ कहने लग जाएँ तो कुछ ज़्यादा नहीं हो जाएगा क्या?

अगर सड़क से चलने की ज़हमत उठाई जाए तो आज भी कमोबेश उन्हीं रास्तों और मुल्कों की सैर आसानी से की जा सकती है। रास्तों के ये जाल घुमक्कड़ों, तिज़ारतदारों और सियासी रहनुमाओं के लिए बड़े रूमानी और लुभावने रहे होंगे। कमबख़्त वीज़ा-पासपोर्ट के लफ़ड़े ना होते तो हम भी यह लुत्फ़ उठा लेते। एक बार कोशिश की तो पाकिस्तान ने ट्रांज़िट वीसा देने से इनकार कर दिया, तब से मन मसोसे बैठने के अलावा अपने बस में है ही क्या?

म्यूज़ियम से निकलने पर रात के खाने के लिए एक सरायनुमा रेस्टोरेंट में ले जाया गया। मेहराबदार इमारत की बनावट का जायज़ा लेते, हलकी रोशनी और तुर्की साज के तराने और संगीत के साथ सामने सजी तरह-तरह की तश्तरियों में

अपने मतलब की चीज़ें तलाश कर पेट भरने के लिए एक बार फिर अगल-बग़ल के साथियों की मदद लेनी पड़ी।

23

7 मई, 2014

येसेमेक ओपेन म्यूज़ियम

अगली सुबह हमारी सवारियों का कारवाँ गाज़ियान टेप से निकल चला पहाड़ियों के साथ-साथ दूर-दूर तक फैले, कच्चे हरे गेहूँ की फसलों के बीच पक रहे पीले-सुनहरे-लाल गेहूँ के खेतों, और लाल माटी से सजी दूर तक पसरी ज़मीन पर पानी के रुपहले चकों का नज़ारा दिखाती, बल खाती सड़क पर फिसलता हुआ सा। आगे क्षितिज की सरहद पर नीली लगती पहाड़ियों की क़तार के ऊपर तिरते इक्का-दुक्का बादल। सड़क से लगे-सटे त्रिशंकु दरख़्तों के घने जमाव।

मेरी बग़ल की सीट पर बैठी प्रोफ़ेसर रेनी फ्रेडरिक बातों-बातों में खुलने लगीं—एजिप्शिअन आर्किओलॉजी (मिस्र देश का पुरातत्त्व) पढ़ते-पढ़ते रिसर्च-सुपरवाइजर से ही दिल की अदला-बदली हो गई। तब से साथ-साथ चलते दोनों मिस्री तहज़ीब और आसारे कदीमा के जाने-माने एक्सपर्ट बन गए। अपनी निजी ज़िन्दगी की वे परतें पलटते, उनकी ख़ूबसूरत आँखें रह-रहकर चमक उठतीं। हमें याद आने लगीं अपने आलम ख़ुर्शीद साहब की लिखी वो सतरें—'हर घर में इक तहख़ाना होता है, तहख़ाने में इक अफ़साना होता है।'

आगे एक बैरियर पर पुलिस ने हमारी सवारियाँ रोक कर ड्राइवर से पूछताछ और परमिट जाँच शुरू की। कुछ गरमा-गरमी बढ़ी, हमारे साथ चल रहे सरकारी अफ़सरानों की भवें तन गईं, उनमें से मसूद साहब पिछली सीट से तनकर उठे और आगे बढ़कर पुलिस वालों से भिड़ गए, जाने क्या-क्या कहा-सुनी करते रहे। आख़िर में मामला सुलटा तो गाड़ी आगे बढ़ी। मसूद साहब अग़ल-बग़ल सबकी ओर देखते, विजयी मुस्कान बिखेरते, ऐंठते चलते लौटते हुए बोले—'डैम फूल। डोंट अंडरस्टैंड, हू आई ऐम।' (परले दर्जे का बेवक़ूफ़, समझ में नहीं आता मैं कौन हूँ।)

उधर चहकते-फुदकते एंड्रू हावले की अँगुलियाँ हमेशा की तरह मशीनी तर्ज़ पर स्मार्ट-फ़ोन पर मचलती रहीं। इससे डायलॉग से जुड़े सार-संवाद पल-पल पर

ट्विटर के सहारे दसों दिशाओं में उड़ते रहे। रेलवे स्टेशन पर खड़ी मालगाड़ी के सफ़ेद डब्बों पर ग़ौर करते, 113 किलोमीटर की दूरी तय करके, अगले मुक़ाम पर बस रुकते ही सब लोग उतरने लगे। और हम पहुँच गए सड़क से लगे दाएँ बाज़ू पर, येसेमेक के खुले म्यूज़ियम (Yesemek open Museum), पुरानी खदान के साथ पत्थर के अधबने बुतों के सामने।

ख़ूबसूरत परिदृश्य, सीढ़ीदार पहाड़ी ढलान पर तरह-तरह के दरमियानी दरख़्तों और झाड़ों के बीच बिखरे हिट्टाइट ज़माने (Hittite Period) में पत्थर पर तराशे गए 300 बने-अधबने बुतों की नुमाइश। शहतूत के झाड़ पर लगे फल तोड़कर खाते देख साथ वालों ने बरजा—कहीं ज़हरीला ना हो। यह बताने पर कि हम इनकी मिठास और ख़ूबियों से ख़ूब वाकिफ़ हैं, एक-एक कर सब इस फल के लज़ीज़ ज़ायके का लुत्फ़ लेकर मुस्कुराते हुए आगे बढ़े। बुतों को देखते, फ़ोटो खींचते-खिंचवाते, सामने से चले आ रहे भेड़ों के रेवड़ देखते या एक ओर दरख़्तों की क़तार के पास बसे गाँव के आगे फैलती वादी और पास के गाँव का मनमोहक दृश्य देखने के वास्ते ठिठक जाते। इधर-उधर छिटके, टहले, फिर कैंटीन में लकड़ी की नक़ल की बनावट वाली मेज़ को घेर नीची चौकियों पर बैठ चाय-क़ॉफी की चुस्कियों के साथ गपियाने लगे। और मैं एक किनारे बैठ सारा मुजरा लेते हुए गाइड बुक के पन्ने पलटने में लग गया—

> 'सन् 1890 में खोजे गए इस पुराने ठीहे से आज से 3375 बरस के आसपास पहले यहाँ हत्ती या हट्टी लोगों की पत्थर निकलने की खदान और बुततराशी का कारख़ाना हुआ करता था। क़रीब छह सौ बरस तक यहाँ बसाल्ट पत्थर के बड़े-बड़े 1.5 से 8 टन तक भारी पटाल निकालने और उन्हें शेर, स्फिंक्स* आदि की शक्लें देने वाले संगतराशों का जमावड़ा लगा रहा। इनमें से बड़े-बड़े शेर और लम्बी दाढ़ी वाले देवताओं के बुत दरवाज़ों के अगल-बगल बैठाए जाते रहे होंगे। उनमें से वहीं छूटे रह गए नमूनों को सैलानियों को दिखाने के लिए जस का तस वहीं सजा दिया गया है। बक़ौल खोजी तफ़्तीश यह खदान गवाह है आज से 3500-3200 बरस और 2900-2800 बरस पहले हिट्टाइट हुक्मरानों की बुलन्दियों की। हालाँकि यहाँ से कोई औज़ार नहीं मिल पाए हैं मगर अन्दाज़न यहाँ से अधतराशे पत्थरों को ही असली मुक़ाम पर ले जाकर असल शक्ल दी जाती रही होगी।'

हाल के दिनों में यहाँ के 'लैंडस्केप' में थोड़ा रद्दोबदल करके पहाड़ी ढलान पर बहाए गए ग़ैर क़ुदरती आबशार यहाँ की ख़ूबसूरती बढ़ाते दिखे। एक कोने में छोटे से रेस्टोरेंट के सामने लकड़ी के गोल, चौकोर, षड्-कोणीय टेबलों के गिर्द जमे सैलानी चाय-कॉफी की चुस्की के साथ चहकने लगे। हँसी-मज़ाक, चुहल का दौर चला। सड़क के मोड़ पर किसी टीवी चैनल या फ़िल्म बनाने वालों को 'बाइट' देती, कैमरे

* एक कल्पित जन्तु जिसका शरीर सिंह का सा और मुँह स्त्री का सा होता है।

के सामने लरजती प्रोफ़ेसर फ्रेडरिक की चहकन देखते बनती। बाड़ के उस पार की बसावट के मकानात के बीच से ऊपर उठती मीनार और आसपास की हरियाली दिखती।

सामने की ज़मीन को हमवार बनाकर बनाए गए हिस्से में शागिर्दों की संगतराशी से बनी मूर्तियों की नुमाइश निहारे बिना लोग आगे नहीं जाते। लोगबाग़ बताने लगे अक्टूबर में यहाँ कलेवर और रंग बदलते दरख़्त और बर्फ़ ढकी ढलान और दूर तक फैली वादी का प्यारा मंज़र देखते ही बनता है।

24

07 मई, 2014

दुर-दुर (DUR)

लौटती पारी में रेलवे लाइन, फैलती वादी के सिरे और सड़क के एक बग़ल सरकती पर्वत-मालाएँ, सड़क किनारे अन्तहीन रेलिंग। अग़ल-बग़ल की सीटों पर जमे लोग बतियाते रहे। मगर कुछ देर एक सा दृश्य देखते मेरा मन पिछले ज़माने की गर्तों में हिट्टाइट हुक्मरानों की तवारीख में भटकने लगा।

> 'आज से छत्तीस सौ बरस बीते टर्की के हैलिस दरया की वादी को धुरी बनाकर क़ायम हुई हिट्टाइट लोगों की हुकूमत 3400 बरस बीते अपनी ऊँचाई के दिनों में एशिया माइनर, उत्तरी लेवांट और ऊपरी मेसोपोटामिया (आज के पूरे पूर्वी टर्की, उत्तरी सीरिया और उत्तरी इराक) तक फैल गई। फिर क़रीब 3180 बरस पहले कमज़ोर होकर छोटी-छोटी हुकूमतों में बंट गई, और आगे क़रीबन चार सौ बरस तक ऐसे ही चली। घोड़ों और रथों का इस्तेमाल इनकी फ़ौजी कामयाबी की ख़ास वजह मानी जाती है। इनकी सभ्यता यूँ तो कांसे के साथ जोड़ी जाती है लेकिन कहते हैं कि 3800 बरस पहले ही इन्हें लोहा गलाने का हुनर हासिल हो चुका था। लोहे के हथियारों ने जंगी फ़ैसलों का पलड़ा इनके हक़ में झुकाने में कसर नहीं रखी होगी। उस वक़्त के एक दस्तावेज़ में दर्ज़ मिला है कि इन लोगों ने अनित्त नाम के एक राजा को लोहे की एक राजगद्दी और एक राजदंड तोहफ़े में दिया।
>
> 'कुछ मग़रिबी पुराविदों और उनके बहुत से शागिर्दों के ख़याल से हिट्टाइट लोग लोहे के बने हरबा-हथियार से लैस होकर घोड़ों वाले रथों पर हिन्द

में दाख़िल हुए, पेशावर-तक्षशिला के रास्ते, और इन्हीं की मार्फ़त लोहा गलाने का हुनर पहले पश्चिमी हिन्द और फिर सत्ताईस सौ बरस के आसपास गंगा घाटी तक पहुँचा होगा।

'कुछ आलिमों का मानना है कि आसमान, सूरज और चन्दा को पूजने वाले अनाटोलिआ से निकले सूरज को पूजने वाले एक जत्थे के लोगों ने कभी हिन्द का रुख़ किया, और वहाँ अयोध्या में एक ऐसे ख़ानदान की बुनियाद रखी जो हिन्द में सूर्य वंश, आदित्य वंश, मित्र वंश जैसे नामों से मशहूर हुआ।

'उधर अंकारा से 193 किलोमीटर पूरब में हिट्टाइट हुक्मरानों की राजधानी 'बोगाज़कोई' से मिले 3400 बरस पुराने टेबलेट पर दर्ज़ एक लेख में, हिट्टाइट राजा और मित्तानी राजा के बीच इन्द्र, मित्र, नासत्य और वरुण को हाज़िर-नाज़िर मानकर सुलहनामा करने के अलावा 'एकवर्तन', 'त्रिवर्तन' और 'पंचवर्तन' शब्दों को वैदिक संस्कृत भाषा का मानकर भारतीय विद्वान मानते रहे हैं कि ये लोग भारत से वहाँ गए होंगे। वहीं कुछ विद्वान यह मानते हैं कि इन्द्र, मित्र, वरुण जैसे देवताओं की इबादत हिट्टाइट नहीं मित्तानी लोग किया करते थे जिनकी ज़ुबां में वैदिक संस्कृत से मिलते-जुलते शब्द इस्तेमाल किये जाते रहे, और यह कि ये लोग आज से चार हज़ार वर्ष से भी पहले मध्य एशिया से यहाँ आ बसे थे। वे वेदों से पहले की इंडो-आर्यन बोली बोलते थे, और बाद में यहाँ से पूरब की और बढ़कर हिन्द के ग्रेटर पंजाब इलाक़े में जा बसे। अभी हाल ही में, जब इधर भारत के लगभग सभी भागों में लोहा गलाने के उतने ही पुराने सुबूत सामने आने लगे जितने हिट्टाइट इलाक़ों में आँके गए हैं, और कुछ जगहों से तो उससे भी पुराने। तब कुछ लोगों ने उस पुरानी सूझ को एक बार फिर से ज़्यादा बल दे कर दोहराना शुरू कर दिया है कि हो ना हो 'बोगाज़कोई' के लेख में शामिल संस्कृत भाषा के शब्द यहीं से वहाँ जाने वालों के साथ गए होंगे।'

अब, उधर से इधर या इधर से उधर आने-जाने की माथापच्ची अपने बस की बात कहाँ? मेरी समझ में तो बस इतना ही आया कि एक ही समय में वैदिक संस्कृत में मिलने वाले बहुत से शब्द बोले जाते रहे होंगे यहाँ भी और वहाँ भी, और दोनों ही क्षेत्रों में रहने वाले लोग लोहा गलाने और उनके हथियार बनाने की विशेषज्ञता प्राप्त कर चुके होंगे, उधर भी और इधर भी। किसने कहाँ से सीखा और कौन कहाँ से कहाँ गया इस झमेले के दावे दर दावों की उलझन से निकलते-निकलते, हमारा कारवाँ गाज़ियान टेप शहर के बीच पहुँचकर एक ख़ूबसूरत पार्क के रेस्टोरेंट के पास, उस मुक़ाम पर ठहर गया जहाँ सड़क के बग़ल में लगे नोटिस बोर्ड पर लिखा दिखा—'DUR' (दुर)।

बस के रुकते ही बाक़ी लोग बस से उतरकर रेस्टोरेंट की ओर बढ़ लिए लेकिन मेरे क़दम टर्की की सड़कों पर जगह-जगह लगे नोटिस बोर्ड पर लिखे 'DUR' लफ़्ज़ के मायने जानने को ठिठक गए। ज़्यादा वक़्त नहीं लगा चोटी खुलने में, जाने कहाँ से याद आ गया अपने गाँवों में कुत्तों को दुत्कारने के लिए अक्सर बोला जाने वाला—'दुर-दुर, दुर-दुर', मतलब—रुक-रुक, रुक-रुक, यानी अंग्रेज़ी में 'स्टॉप'—रुकिए। यहाँ से आगे नहीं जा सकते। एक बार फिर से एहसास किया—तो, इतने लम्बे हैं हमारे ज़ुबानी रिश्ते?

25

7 मई, 2014

सूरमाओं का शहर—गाज़ियान टेप

लंच की टेबल पर दस्तरख़्वान सजा तो लोग भूखे बाघ जैसे पिल पड़े। लेकिन मेरे लिए उन्हें देखते रहने के अलावा कोई चारा नहीं दिखा। इशारे से माँग कर दो-दो गिलास आरियान चढ़ाया और खाना ख़त्म होने का इन्तज़ार करते रहे। हैरत हुई जब एक खानसामा किसी से मेरे ख़ालिस शाकाहारी होने की जानकारी पा कर 'मिक्स्ड-वेजिटेबल' की गरमागरम मसालेदार चटपटी तश्तरी पेश कर गया।

लंच के बाद 'ज़ेग्यूमा म्यूज़ियम' के ऑडिटोरियम में चले अगले 'एकेडेमिक सेशन' में मुअज़्ज़ज़ अगली सीटों पर अफसार अपने ख़ास अन्दाज़ में नशिस्त। पीछे की क़तारों और गलियारों में शहर के तालिब-ए-इल्म की ठसम-ठस के साथ जवान चेहरों की चमक, चहक और रौनक। एक जगह टिक कर रहे, ख़ामोश रहे, वो जवानी ही क्या, अभी इस सीट पर तो झट दूसरी पर लपकते, अपनी बोली में जाने क्या बोलते समझ नहीं पाया लेकिन उफनता जोश साफ़ लरजता रहता। हिजाब को मात देती जींस की तादाद यहाँ भी मगरिबी चलन के असर की तसदीक़ देती दिखी।

सुबह से ही यहाँ-वहाँ दौड़ रहे क्रिस थॉर्नटन को फ्लोर पर आने से पहले कपड़े बदलने तक का मौक़ा नहीं मिला। ख़ुशआमदीद के लिए बोलने खड़े हुए तो सबसे पहले अपने ग़ैर-रस्मी लिबास में होने की माफ़ी माँगी। उसके बाद, प्रोफ़ेसर राल्फ सलमी की सदारत में पूरब-पश्चिम की तहज़ीबों के मेल पर प्रोफ़ेसर चिंचिला, रेनी, ली लिउ और बुरहान के प्रेजेंटेशन और लेक्चर का सिलसिला चला।

प्रोफ़ेसर चिंचिला ने समझाया—'माया-कल्चर की जितनी ज़्यादा जानकारी पुराने स्मारकों से मिलती है, उससे कहीं ज़्यादा दर्ज हुई थी किताबों में। लेकिन 1500 ईस्वी में स्पेनी लोगों ने जब माया संस्कृति वालों पर फ़तह हासिल की। उसके बाद तक़रीबन सब की सब जला कर तबाह कर दी गईं। बची-खुची का सबसे बढ़िया संकलन जर्मनी में 'ड्रेसडेन कोडेक्स' नाम से सिरजा गया है।'

प्रोफ़ेसर ली लिउ ने कछुए की हड्डियों पर कुरेदकर लिखी लिखावट के बारे में बताते हुए बताया कि 'कांसे के बर्तनों पर चिह्नित 3000 बरस पुराने रस्मी चिह्नों (सिम्बल्स) को चीनी लिखावट पढ़ लेने वाले आज भी पहचान लेते हैं, दुनिया में और कोई ऐसा मुल्क नहीं जहाँ इतनी पुरानी लिखावट जस की तस चलती चल रही हो। इनके अलावा कछुए की हड्डी पर लिखी लिखावट से मिलते-जुलते 4500-2000 बरस और उनसे अलग 3900-3800 बरस पुराने ऐसे चिह्न भी मिले हैं जो आज तक पढ़े नहीं जा सके हैं।'

प्रोफ़ेसर रेनी ने दुनिया की सबसे ख़ूबसूरत लिखावटों में से एक मिस्री (इजिप्शियन) चित्रलिपि से रूबरू कराया जिसमें सैकड़ों तरह की चिड़ियों वाले चिह्न इस्तेमाल किये गए हैं। और इनका सिलसिला इसी इलाक़े में अपनी तरह से तक़रीबन 5200 बरस पहले शुरू हुआ।

जैसे-जैसे चर्चा के मज़मून संजीदा होते गए, कालेज (तालिब-ए-इल्म) से जुटाई गई स्टूडेंट्स की भीड़ खिसककर बाहर कैंटीन के अहाते की रौनक बढ़ाने लगी। आख़िर कब तक अंग्रेज़ी में चल रही गिटपिट में ज़बरदस्ती खोपड़ी खपाते। साथ के साथ चल रहा तुर्की भाषा में अनुवाद भी उन्हें रोक पाने में कामयाब नहीं हो सका।

लेक्चर के दौर से बाहर निकले तो हमारे मेज़बान शहर का चक्कर लगवाने लिवा ले गए। शहर के नाम के पहले ही लफ़्ज़ की पैदाइश जानने के लिए भी कई-कई परतें पलटनी पड़ीं—मध्य एशिया में फिलिस्तीन में समन्दर से सटी गाज़ा पट्टी में बसा है एक शहर गाज़ा। अरबी लफ़्ज़ गाज़ा का मतलब हुआ जंगी हमला। आमतौर पर पैगम्बर मुहम्मद की रहनुमाई में लड़ा गया जंग। गाज़ा से बने ग़ाज़ी के मायने हुए जंगी हमले में शामिल होने वाला। इस्लाम के उभरने के बाद इसका मतलब हुआ मज़हबी जंग में हिस्सा लेने वाला। क़रीबन छह सौ बरस पहले तक अल्लाह के मज़हब के औज़ार—अल्लाह-ए-कार—ग़ाज़ी कहलाने लगे। फिर, जंग जीतने वाले, बड़े फ़ौजी हुक्मरान, ग़ैर मुस्लिम दुश्मनों को हराने वाले और इज़्ज़तदार लोग भी गाज़ी कहे जाने लगे।

इलाक़े की तवारीख पत्थर के औज़ार बनाने का हुनर जानने वाले लोगों की बहुत पुरानी तहज़ीब से शुरू होकर उनके अनाज उपजाने, जानवर पालने के हुनर सीखने और मुकम्मल गाँवों में रहने के बाद बाक़ायदा शहर बसाने तक। माना जाता है कि पाँच हज़ार बरस से भी ज़्यादा बीत चुके हैं इसके बसे हुए। पहले इसका नाम 'दोलिचे'

और बाद में 'आयिनताब' पड़ा। इनमें से बाद वाला नाम दर्ज़ मिला है क़रीब तीन हज़ार बरस पहले के अभिलेखों में। इसके नाम के पीछे भी जुड़े हैं कई क़िस्से, एक के हिसाब से इसका संक्षिप्त नाम हुआ—'हनताब' मतलब हान (खान) लोगों की ज़मीन (ताब)। दूसरी रवायत पर यक़ीन करें तो यह नाम पड़ा वहाँ की जलीय ख़ूबसूरती पर क्योंकि आइन के मायने हुए जल-स्रोत या चश्मा इसलिए 'आयिनताब' के मतलब हुआ ख़ूबसूरत सोता। इस बिना पर इसका एक और अर्थ हुआ वो जगह जहाँ बेशुमार पानी हो। ताब का एक और मायने भी होता है—ताक़तवर।

तीन सौ पचास बरस पहले यहाँ आए एक सैलानी ने हैरत से लिखा—'बोल कर या लिख कर इस शहर का बयान नहीं किया जा सकता। दुनिया की आँख का 'सेब' है यह, जिसकी आसमान छूती इमारतें निगाहें बाँध लेती हैं, जहाँ बहुत से खेत, कभी ख़त्म ना होने वाले खाने के सामान, नदियों और पीने के स्रोतों की कोई कमी नहीं।'

अपने शहरों की सड़कों की ठसम-ठस भीड़-भाड़ और चिल्ल-पों के आदी होने के बाद यहाँ के ख़ामोश माहौल और थोड़े से लोगों की आवाजाही बहुत भली लगी। अग़ल-बग़ल का मुआइना करते मेरा ध्यान टूटा जब हमारी बस आहिस्ते से चौराहे पर पहुँचकर रुक गई। नीचे उतरते ही छोटे-छोटे बच्चे भीख माँगने लपके, प्रोफ़ेसर ली लिउ पर्स खोलकर खुदरा तलाशने लगीं और मुराद बच्चों को भगाने में लग गये। अपने शहर के चौराहों के ऐसे आम नज़ारे याद करते हुए मैं सामने के क़रीने से खड़े किए गए खम्भे पर लगी रंग-बिरंगी दिशा-सूचक तख्तियाँ देखने लगा।

सामने की पहाड़ी पर दीखते क़िले के दाएँ बग़ल से हलके से उठती सड़क पर बढ़ती हमारी टोली के साथी कुछ ही क़दम चलते, फिर रुक-रुककर दुकान और उसमें सजे सामान देखते रहे। आगे कुछ देर दाएँ दिखती ऊँची मीनार की ऊँचाई को गरदन उठा-उठाकर देखा, और क़िले के अहाते में खड़े हथियारबन्द फ्रांसीसियों और गाज़ियों के पुतलों पर निगाह डालते ठहर गए।

समुद्र-तल की औसत सतह से 850 मीटर की ऊँचाई पर, क़ुदरत नाम की चट्टान के ऊपर तामीर क़िला और उस पर फड़फड़ाता लाल परचम दिखा। इस क़िले के बनने से पहले यहाँ कांस्य-युग की बसावट रहे होने का अन्दाज़ा लगाया जाता है। इसके एक हिस्से से साढ़े सात हज़ार से छब्बीस सौ पचास बरस पहले तक के सुबूत हासिल होने की बात भी कही जाती है। पहलम पहल रोमन राज में आज से मोटे तौर पर 1700-1800 साल पहले आसपास के इलाक़े की निगहबानी के लिए यहाँ एक टावर बनाया गया। इसके बाद इसका दायरा आगे-आगे बढ़ता गया। मीनारों, बुर्ज़ियों और 1200 मीटर परिधि वाले इस क़िले ने आज से चौदह सौ बरस पहले आज की शक्ल पाई। इसके चारों ओर खींची गई 30 मीटर चौड़ी और दस मीटर गहरी खाई पार करने को बनाया गया अन्दर की ओर उठने वाला इकलौता पुल।

ऑटोमन हुकूमत के तिरासी हज़ार आबादी वाले इस इंतिज़ामिया ठिकाने ने प्रथम विश्व युद्ध की शुरुआत के समय 1914 में अपना अलहदा किरदार अदा किया। 1919 में फ्रांसीसी फ़ौजों ने यहाँ रहने वालों पर ज़ुल्म ढाने का सिलसिला चलाया तो औरतों, बच्चों और मर्दों, सब गाज़ियाना तेवर अख़्तियार कर उनके ख़िलाफ़ मुक़ाबले में उठ खड़े हुए। फ्रांसीसियों ने उनका ठिकाना घेर कर उनकी सप्लाई लाइन काट दी, फिर भी दस महीने से ज़्यादा अरसे तक लड़ते हुए 6317 गाज़ियों ने शहादत दे कर मोर्चा सँभाले रखा, लेकिन आख़िरकार फरवरी 1921 में उन्हें मजबूरन समर्पण करना पड़ा। जंग के डर से नहीं भूख से हार कर। यहाँ के लोगों की शहादत को इज़्ज़त फ़रमाते हुए टर्की की नेशनल एसेंबली ने शहर के पुराने नाम ऐंटेप को बदलकर आठ फरवरी 1921 का नया नामकरण किया—गाज़ियान टेप (सूरमाओं का शहर)। मार्च 1921 में ही एक टर्किश वज़ीर ने लन्दन में फ्रेंच नुमाइन्दों से मिलकर सुलह की पेशकश की, जिसे आगे चलकर 'अंकारा सुलहनामे' के नाम से जाना गया। नतीजतन दिसम्बर 1921 में इन्हें फिर से आज़ादी मिली। तुर्कियों के सालार-ए-जंग कमाल अतातुर्क ने बड़े नाज़ से बयान दिया—'हर एक तुर्की शहर, हर एक क़स्बे, यहाँ तक कि छोटे से छोटे तुर्की गाँव को, यहाँ के लोगों को अपना गाज़ी (हीरो) कुबूल करना चाहिए।' तुर्की जम्हूरियत क़ायम करने के बाद जब वे 26 जनवरी, 1933 में यहाँ आए तो 27 जनवरी को गाज़ियान टेप की 'सिटी काउन्सिल' ने उन्हें बाक़ायदा रजिस्टर्ड गाज़ियानी शहरी बनाने का ऐलान किया।

क़िले की कहानी के पहलू जज़्ब करते, शहर की गलियों के बीच से बढ़कर, पाशा हमाम का दरवाज़ा देखा, ज़ियारत देखी, क़रीने से सजी दुकानों पर इक्का-दुक्का ग्राहक, बेंच पर बैठे शहरी, जगमग बाज़ार, यहूदियों का 'सिनेगाग' देखा। शोर मचाते तेज़ रफ़्तार से भागते बाइकर्स की सड़क पर निकली टोली, रोशनी से सराबोर चाँदी-ताम्बे के बर्तनों और दूसरे सामनों से भरे ख़ास टर्की अन्दाज़ का बाज़ार देखा। बाज़ार का नाम—अलमाची पजारी (ALMACI PAZARI) पढ़कर एक बार फिर मुस्कुराया, एक और लफ़्ज़ हाथ आया, Pazari का मतलब होना चाहिए पज़ारी या बाज़ार।

आसमान में चक्कर लगाते कबूतरों के झुंड, छज्जे पर क़तार में बैठे कबूतर देखकर अपने शहर के छज्जे और कबूतर और बचपन के दिन ख़ूब याद आए। हमने भी तब पाले थे—लक्का, शिराज़ी, सिलेटी, टिकुलिया, लोटन, तरह-तरह के कबूतर।

शाम ढलते एक सरायनुमा रेस्टोरेन्ट में खाने के दौर के साथ लम्बी-लम्बी तक़रीरों का सिलसिला चला। शहर के मेयर, प्रोफ़ेसर बकीर और बाक़ी ख़ास

शख़्सों ने शीतल पेय के घूँट भरते अपनी तहज़ीब और भाईचारे के कसीदे पढ़े। बाक़ी लोग टूट कर खाने पर टूटे। खाने का हुनर और तलब कोई तुर्कों से सीखे। हैरत हुई यह सोचकर कि अभी तो अपना दो पहर का खाया हज़म नहीं हुआ, आख़िर, इन्हें इतनी भूख कहाँ से लग गई?

खाते-पीते अंकारा की उड़ान का वक़्त हो आया लेकिन कहीं कोई चलने के लिए जुम्बिश लेता नहीं दिखा। लगने लगा अब वक़्त पर जहाज़ मिलेगा भी या नहीं लेकिन खाने और तक़रीर देने वाले फिर भी नहीं अघाए। धकेले गए तब कहीं बस में सवार होकर हवाई अड्डे पहुँचे। भला हो चेम और मसूद का जिनके चलते चटपट बोर्डिंग की ज़रूरतें पूरी हुईं।

26

7 मई, 2014

अंगोरा—बिल्केंट

जगमग करते अंकारा-हवालिमानी पर हमारा जहाज उतरा तो थकान और नींद से ऊँघती सवारियों में जान पड़ी। बाहर अँधियारा और हवाई-पट्टी पर क़तार में सजे बिजली के लट्टुओं की रोशनी और सामने रोशन इमारत-ए-आमद (आगमन : एराइवल बिल्डिंग)। जितनी जल्दी मुमकिन हुआ उतनी जल्दी असबाब बटोर कर, सुदर्शन नायब प्रोफ़ेसर मेहमेत कलपाकली (MEHMET KALPAKLI) की अगुआई में, बस में सवार होकर बिल्केंट यूनिवर्सिटी की ओर रवाना हो गए।

हिन्द में शायद ही कोई ऐसी घरैतिन होगी जिसने 'अंगोरा ऊन' का नाम ना सुना हो लेकिन उनमें से किसी-किसी को ही पता होगा कि इसकी जड़ें इतनी दूर बसे अंकारा शहर की ज़मीन में धंसी हैं। बीते चार हज़ार बरसों में इतिहास के पन्नों के पलटते जाने के साथ इस शहर ने बारी-बारी कई नाम पाए, पहले हिट्टाइट ज़माने में 'अंकुवास' (Ankuwas), उसके बाद ग्रीक लोगों का 'अंकोर' या 'अयकुपा' (Aykupa, Ankya anchor), लैटिन में 'अंक्यारा' (Ancyara), फिर 'अंगोरा' (angoraa) और आख़िर में 1930 में सरकारी तौर पर 'अंकारा'। इन नामों में से 'अंगोरा' सब से ज़्यादा जाना गया।

एक दायरे में रहकर हम कितने ही ज्ञानी होने की ग़लतफ़हमी पाले रहें, रहते कुएँ के मेढक ही हैं। हम समझते रहे 'अंकारा' का नाम 'अंगार' शब्द से उपजा होगा। जो अगर टर्की और वहाँ भी अंकारा न गए होते तो कभी सोच भी नहीं पाते कि अपने यहाँ प्रचलित 'अंगोरा ऊन' का भी इससे कोई नाता हो सकता है।

सागर-तल से तीन हज़ार फ़िट (938 मीटर) की ऊँचाई पर, पहाड़ियों से घिरा, पैंतालीस लाख के आसपास की आबादी वाले टर्की का दूसरा सबसे बड़ा शहर और मुल्क की दारुल हुकूमत 'अंकारा' तिज़ारती और औद्योगिक गतिविधियों की धुरी रहा है। रेल, सड़क और हवाई रास्तों से जुड़े इस शहर की पहचान यहाँ की ऊन से लदी अंगोरा बकरियों, बिल्लियों और खरगोशों के नाम से रही है। तीनों अपने ऊन के सफ़ेद लबादे में लिपटे, देखने में बहुत ही ख़ूबसूरत और बहुत प्यारे। लेकिन जिस ऊन को 'अंगोरा ऊन' के नाम से जाना जाता है उसका श्रेय जाता है गोलगप्पे खरहे के मुलायम ऊन को। यहाँ यह भी बताते चलें कि ऊन के अलावा अंकारा की नाशपातियों, शहद और यहाँ के अँगूर का ज़ायका भी दूर-दूर तक जाना जाता है। फिर इस शहर के अपने अलग अन्दाज़, अक्स और रवायत की तो बात ही अलग है। तीन ओर पसरे घास के मैदान और दक्षिण में जंगलों से लगे 'सकरया दरया' की सहायिका 'अंकारा धारा' के बाएँ किनारे, एक चट्टानी पहाड़ी पर बसे अंकारा शहर का तवारीखी इलाक़ा हिट्टाइट, फ्रीजियन, ग्रीक, रोमन, बैज़न्टाइन और ऑटोमन ज़माने की सनद देता है।

रात के अँधेरे में 'बिलकेंट यूनिवर्सिटी' (Bilkent University) के रास्ते में सिर्फ़ शहर की रोशनी ही देख पाए। हलकी पहाड़ी पर चढ़ते एक बे-आबाद सुनसान इलाक़े में बने यूनिवर्सिटी गेस्ट-हाउस का कमरा किसी मुआमले में किसी फाइव स्टार होटल के कमरे से कम नहीं नज़र आया। बेड-बिस्तर-चादर-तकिया, टेबुल-लैम्प, परदे, अलमारी, सब कुछ सलीक़े से सजा नफ़ासत भरा। लम्बे वक़्त तक रहकर पढ़ने-पढ़ाने और आराम से रहने के सारे सामान यहाँ जुटाए गए हैं— किचन, गैस, बर्तन, फ्रिज, जैसे ज़रूरत के सारे इन्तज़ाम।

ऊँची तालीम और री-सर्च में बढ़ोतरी हासिल करने के बुनियादी इरादे से प्रोफ़ेसर एहसान ने 1984 में टर्की की इस पहली बे-मुनाफ़ा यूनिवर्सिटी की नींव रखी। 'बिलिम केन्टी' से बना 'बिलकेंट' मतलब 'सीखने और साइंस का शहर'—अंकारा के पच्छिम में, मरकज़ी राह से 12 किलोमीटर दूर 500 हेक्टेयर से ज़्यादा पहाड़ी इलाक़े में फैला हुआ है।

दिन भर के थके, बिस्तर पर लेटते ही गहरी नींद में सो गए, कपड़े बदलने तक क़ा ख़याल किए बिना।

27

8 मई, 2014

अनातोलिया

सुबह गेस्ट–हाउस से बाहर निकलने पर सामने की सड़क पर आती–जाती शानदार बसों की दबी–दुबी आवाज़ के अलावा सब ओर सन्नाटे से सामना हुआ। सामने पथरीली ज़मीन पर छितरे झाड़ और मंझले पेड़। कुछ देर बाएँ ओर उतरती सड़क पर आगे तक जाकर घाटी में बसे शहर की बसावट पर उड़ती निगाह फेंक आए। फिर लौटकर बस–स्टैंड के छाजन के नीचे की पतली बेंच पर बैठ गए। एक–एक कर इक्का–दुक्का सवारियाँ आती गईं, उनसे पता चला, ऊपर की ओर जाने वाली बस यूनिवर्सिटी कैम्पस तक ले जाती है, वो भी बिना दाम। एक बार तो झिझका कहीं ग़लत जगह ना पहुँच जाऊँ लेकिन फिर लगा चक्कर लगा आने में हर्ज़ ही क्या? कुछ और इलाक़ा तो देख ही आऊँगा।

ख़ासे फैले हुए यूनिवर्सिटी कैम्पस में मॉडर्न यूरोपियन अन्दाज़ की क़ायदे से तामीर की गई शानदार ऊँची इमारतें। बीच वाली मुख्य इमारत के अर्द्ध–चन्द्राकार उठते हुए अगवाड़े पर शीशे का चमचमाता हुआ पटल। उसके नीचे सादा सा पोर्टिको। सलीक़े से सँवारे गए लॉन में फूलों की क्यारियाँ और सजावटी पेड़–पौधे। तालीमगारों की टोलियों में नीली जीन्स और रंग–बिरंगी टी–शर्ट में फब रही तीखे नैन–नक़्श वाली मुक्त–केशी युवतियाँ और पैंट–कमीज़–टाई में सजे अच्छे डील–डौल वाले सजीले जवान, बेतरतीब लहरों की तरह आते–जाते या घास पर बैठकर बातों में मशगूल, और उनकी मिली–जुली बोलियों और हँसती खिलखिलाती आवाज़ों से गुलज़ार माहौल, पहली ही नज़र में बहुत पसन्द आया।

जो सामने मिलता उससे अपने कॉन्फ्रेंस–कक्ष का पता पूछते–पाछते जिधर जाते, उधर के लोग दूसरी दिशा में घुमा देते। असल में उस समय यूनिवर्सिटी में कई सेमिनार एक साथ चल रहे थे, इस वजह से उनमें से कौन सा अपना वाला है यह समझना आसान नहीं रहा। भटकते हुए जहाँ से चले थे वहीं नीचे की लॉबी में आ लगे। इतना ज़रूर हुआ कि इसी बहाने उस इमारत के कुछ और हिस्से भी देखने को मिल गए। सब जगह क़ायदे से सजे क्लास–रूम, साफ़–सुथरे गलियारे, कोने–अँतरे और वाशरूम भी।

थोड़ी देर में सामने से आते मेहमेत कलपाकली दिखे जिनका चेहरा देखकर हठात लखनऊ यूनिवर्सिटी वाले प्रोफ़ेसर शैलेन्द्र नाथ कपूर का चेहरा याद

आने लगा, मानो उन्हीं के भाईबन्द हों। उन्हीं के साथ लगे-लगे अपने वाले कॉन्फ्रेंस-रूम तक पहुँच गए। हलके पीले-भूरे रंग की दीवारें, सफ़ेद वितान, हलकी नारंगी कुर्सियाँ, सलीक़े की लाइटिंग, अध-गोल आयत जैसा स्टेज, सब कुछ चमाचम। यहाँ चले दोनों अकादमिक-सत्र 'अनातोलियन तहज़ीब' की नज़र रहे। बारी-बारी से किए गए कुल आठ पीपीटी प्रेजेंटेशन में शामिल एक विलायत, एक इराक़ और बाक़ी तुर्की से जुड़े आलिमों की अहम तक़रीरें सुनने को मिलीं।

'अनातोलिया—ग्रीक अनातोलिया, पूरब या जहाँ से सूरज उगता है, उत्तर में ब्लैक-सी से, दक्षिण में भूमध्य सागर और पश्चिम में ईजियन सागर (Aegean Sea) बाल्कान क्षेत्र और एनाटोलिया प्रायद्वीप के बीच, यूनान और तुर्की के मध्य स्थित, भूमध्य सागर का विस्तार) से घिरा यह भू-भाग एशिया माइनर या छोटे एशिया, एशियन टर्की (टर्की का एशिया में आने वाला हिस्सा) जैसे नामों से भी जाना गया। मरमारा समुद्र को ब्लैक सी और ईजियन सागर को जोड़ने वाले संकरे रास्ते इसे दुनिया के और बड़े इलाक़े से जोड़ते और यूरोप से एशिया की सरहद बनाते हैं। मोटे तौर पर अर्मेनिया के पहाड़ और फ्रात दरया इसकी पूरबी सरहद बनाते हैं। अनातोलिया नाम की सबसे पुरानी तस्दीक हुई है किसी ज़माने के मशहूर अक्कादियन राज के वक़्त की (आज से 43500-41500 वर्ष) मेसोपोटामिया की एक टेबलेट पर कीलाक्षरों में लिखे लेख से।

'अनातोलिया का इतिहास शुरू होता है पत्थर के हथियारों का इस्तेमाल करने वाली पूर्व प्रस्तर युगीन सभ्यता से। ये लोग आज यहाँ कल वहाँ जंगली फल-फूल-अनाज बटोर कर या वन्य जीवों का आखेट करके अपना गुज़र-बसर करते। गोबलेक टेपे से मिली दुनिया की सबसे पुरानी यादगार इमारत इसी इलाक़े में है। अनाज उपजाने की जानकारी सबसे पहले हासिल करने वाले यहाँ के लोगों की बसावटों की नुमाइन्दगी करते हैं—चटल होयूक (Catal Hoyuk), चायोनू (Cayonu), नवेली कोरी (Nevali Cori) और हासिलार (Hacilar) वग़ैरह। हत्ती और हर्री यहाँ के सबसे पुराने बाशिन्दे माने जाते हैं। आज से 4050 साल के आसपास अक्काद हुकूमत के गिरने के बाद उनके असीरियाई खानदानियों ने कोई तीन सौ बरस यहाँ अपना राज क़ायम रखा। फिर ग़ालिब हुई हिट्टाइट लोगों की हुकूमत जो अगले चार सौ साल में अपनी बुलन्दी की ऊँचाइयों तक पहुँच गई। इनकी दारुल हुकूमत हत्तूसा के शेर दरवाज़े की एक झलक ही इनकी शान-ओ-शौकत का अन्दाज़ लगाने के लिए काफ़ी है। 3700 बरस बीते, इसी इलाक़े के एक हिस्से में राज कर रहे मित्तनी, इंडो-आर्यन भाषा से ताल्लुक रखने वाली, ऐसी ज़ुबान बोलते रहे जिसकी पहचान संस्कृत से

की जाती है। हिट्टाइट राज टूटने के बाद, आज से 2180 वर्ष के आसपास, छोटे-छोटे टुकड़ों में बँटकर कुछ सदी और चला।

'इतिहास पढ़ाकर कैसे अलहदा तहज़ीबों के बीच पुल बाँधे जा सकते हैं'; 'तहज़ीबों के बीच से दरया-ए-फ्रात पार करते हुए'; 'मध्य एशिया से अनातोलिया तक फैली एक मध्यकालीन तहज़ीब'; 'अनातोलिया और ऑटोमन इमारती रिवायत का बालकन इलाक़ों तक पहुँचना' जैसे मजमूनों पर की गई तक़रीरों में से सबसे दिलचस्प रहा—'आज की तहज़ीब में 1001 इस्लामी ईज़ादों का योगदान।' इस मज़मून पर बोलने वाले प्रोफ़ेसर सलीम अल हस्सानी, बचपन में पले-बढ़े इराक़ी शहर बग़दाद में, उसके बाद 1960 तक 'यूनाइटेड किंगडम' के मैनचेस्टर में पढ़ते-पढ़ाते रहे। फिर, 'फाउंडेशन ऑफ़ साइंस', 'टेक्नोलॉजी एंड सिविलाइज़ेशन' के सदर के तौर पर दुनिया भर में इस्लामी ईज़ादों की डुग्गी पीट कर बड़ा नाम कमाया। इसी मज़मून पर 200 सफ़ों की किताब लिखी। इन ईज़ादों में से एक—'एलीफैंट क्लॉक' की कारीगरी पर बहुत तारीफ़ बटोरी। लेकिन कुछ लोगों ने 'मुस्लिम साइंस' और 'इस्लामिक साइंस' जैसी इबारतों पर सवाल उठाते हुए, इस बिना पर इन्हें ख़ारिज कर दिया कि—साइंस तो बस साइंस होती है, इसे किसी ख़ास मज़हब या तहज़ीब से जोड़ कर देखने की बात में कोई दम नहीं दिखता।

'झक्क सफ़ेद दाढ़ी-मूँछ वाले प्रोफ़ेसर हस्सानी से उनके प्रेज़ेंटेशन के बारे में बातें करते हुए उनके तर्कों को बहुत ग़ौर से सुनकर इतना तो मानना ही पड़ा कि जो भी हो अपने काम में उनका जज़्बा पूरी तरह जुनीनी है।'

28

8 मई, 2014

कोई रिश्ता है क्या

इतना कुछ है अंकारा में कि ठीक से देखने-सुनने-समझने में महीनों लग जाएँ लेकिन हमारे पास था कुल आधा दिन और उतने में ही जितना देख पाते देखना

था। इसीलिए हमारे मेज़बानों ने वक़्त का ख़याल रखते हुए हमें दिखाने के लिए तीन ही मुक़ाम चुने।

सबसे पहले हमारा जत्था चला ऊँची पहाड़ी पर तामीर कोट पर लहराते लाल परचम की ओर जिसके बनने की सही-सही तारीख़ का पता नहीं। रोमन और बाद के राजाओं, हुक्मरानों के बाद सन 1101 में इस पर काबिज़ हुए सेल्जुक तुर्क। ऑटोमन ज़माने में 1832 में इब्राहिम पाशा ने बड़े पैमाने पर इसकी मरम्मत कराई। पुराना अंकारा बाहरी क़िलेबन्दी के अन्दर बसा है जबकि भीतरी क़िला 43 वर्ग किलोमीटर में फैला हुआ है। हमने क़िले के आसपास की एक झलक पाने भर का ही मौक़ा पाया।

नयी बनी कालोनी,· पीली टैक्सियों और सफ़ेद कारों की क़तार, पार्किंग, दुकानों की खपरैली छत वाली दुकानों के सामने तक सजे बिक्री वाले सामान। ग्राहकों के इन्तज़ार में इत्मीनान से बैठे दुकानदार। क़िले की दीवार में लगी पुरानी इमारतें, ठीक उसी तरह जैसी हिन्द के क़िलों में अक्सर दिख जाती हैं। क़िले के दरवाज़े के ऊपर से दूर-दूर तक फैले नए-पुराने शहर का फैलाव देखा, नयी-पुरानी इमारतें, नीले गुम्बदों वाली शानदार चार-मीनारी मस्जिद देखी, और लाल परचम लहराता देखा, क़िले के अन्दर की कुछ गलियाँ देखीं। फिर चल पड़े आगस्टस / रोमन मन्दिर की ओर।

पहाड़ी ढलान की सड़क पर रुककर नीचे बस-अड्डे की रौनक देखते हुए देखा—ऊपर से एक कार का पीछा करती, सरपट भागती आई, कारें उसे ओवरटेक करके हमारे पास ही सड़क रगड़ती रुक गईं। अगली कार से उतरे एक-एक पिस्तौल वालों ने पिछली कार से दो घबराई हुई सवारियों को पकड़कर घिर्राते हुए खींचकर बाहर निकाला, उनकी कनपटी पर पिस्तौल सटाई और उनके हाथ पीठ के पीछे बँधवा दिए। आसपास के माहौल में सनसनी उतर आई। पता चला सादी वर्दी में आए पुलिस वालों ने भाग रहे मुल्ज़िम पकड़े हैं।

आज से 2025 बरस पहले रोमन राजा आगस्टस की फ़तह के बाद रोमन राज के गलाटिया नाम के सूबे की कैपिटल के तौर पर अंकारा शहर लम्बे वक़्त तक एक बड़ा कॉमर्शियल सेंटर बना रहा। उसी ज़माने में यहाँ बना आगस्टस और रोम के मन्दिर में लगे प्रस्तर-पट्टों पर कुरेदे गए लेख आगस्टस के कारनामों का ज़िक्र करते हैं। आगस्टस और रोम मन्दिर से सटा कर चार सौ बरस से कुछ पहले लाल ईंटों से तामीर कराई गई ख़ूबसूरत मीनार वाली हाजी बैरम मस्जिद में इबादत करने वालों से ज़्यादा सैलानियों का रेला लगा रहता है। एक मशहूर तुर्की कवि, सूफी और बैरामी सूफ़ी फ़िरक़े की बुनियाद डालने वाले हाजी बैरम वली की क़ब्र भी मस्जिद के बग़ल में ही बनी है।

एक चक्कर 'म्यूज़ियम ऑफ़ अनातोलियन सिविलाइज़ेशन' का भी लगवाया गया। चक्कर भी क्या, बस यूँ समझिए, ज़रा सा परदा उठाया और जब तक नज़र उठे फिर से पर्दानशीं। पत्थर युग से शुरू हुई संगतराशी के एक से बढ़कर एक नमूने, पूरे पत्थर युग के औज़ार-हथियार, फिर सधे हाथों गढ़े गए बुत—बाएँ हाथ पर बाज़ बिठाए राजा, रथ पर सवार योद्धा, शेर, पंख वाले अनोखे जीव, धातु के सामान, जाने क्या-क्या, पूरी तवारीख की नुमाइन्दगी करते बेहतरीन नमूने। कहाँ तक सराहते और जज़्ब करते।

बाहर टहलते हुए, यूँ ही जहाँ-तहाँ बगीचे में, खुले में धरी दो प्रदर्शनियों को देखा तो बस देखता ही रह गया। पहली पर निगाह पड़ते ही अपने यहाँ मिलने वाले कीर्ति-स्तम्भ या वीर-स्तम्भ याद आए और दूसरी में—सरिहन शिवलिंग देखकर चकित रह गया। म्यूज़ियम वालों से इनके बारे में तफ़तीश करने पर कुछ ज़्यादा नहीं पता चल सका। एक मोहतरमा ने अन्दाज़न इन्हें पन्द्रह सौ साल पुराना बताया। इतनी जानकारी मिलने के बाद देर तक गुनता रहा—अपने यहाँ की ऐसी कृतियों से इनका कोई रिश्ता हो सकता है क्या?

कीर्ति-स्तम्भ एवं शिवलिंग, संग्रहालय, अंकारा, टर्की

'शिवलिंग की यहाँ मौजूदगी यहीं कहीं शिव-मन्दिर और उसके अन्दर इसके स्थापित रहे होने का सीधा सबूत है। फिर जब मन्दिर रहा होगा तो उसमें पूजा करने वाले शैव उपासक भी आसपास ही रहते रहे होंगे। इन लोगों ने आते ही मन्दिर नहीं बना लिया होगा। मन्दिर बनाने से काफ़ी पहले से रह रहे होंगे। यक़ीनन उनके यहाँ टिक कर रहने का मतलब पहले से होना चाहिए। ये लोग हर हाल में भारतीय उपमहाद्वीप से ही यहाँ आए होंगे। आने-जाने और यहाँ बस जाने का यह सिलसिला बहुत पुराना हो सकता है। ईरान के टेपे याहया वग़ैरह और आमू दरया के पास शोर्तघाई (Shortughai, अफ़ग़ानिस्तान) से मिले पुरावशेषों की सनद पर आज से पाँच-चार हज़ार साल पहले ही सैंधव सभ्यता और मध्य एशिया और पश्चिम एशिया के सम्बन्धों की बात की जाती है। 2500-2400 साल पहले के ईरान से टर्की तक रॉयल रोड और भारतीय उप-महाद्वीप में पूर्वी भारत से पेशावर-काबुल-कन्दहार तक के सम्पर्क मार्ग—उत्तरापथ ख़ूब अच्छी तरह जाने जाते हैं। 2300 साल पहले के सम्राट अशोक के अभिलेख अब इस रास्ते पर कन्दहार तक तो मिल ही चुके हैं। काबुल से आगे यह मार्ग जाता रहा : हिन्दुकुश पर्वत को पार करके मध्य एशिया से आगे पश्चिम में तुर्कमेनिस्तान, उत्तरी ईरान होकर बरास्ते टर्की यूरोप की ओर; बामियान होकर आगे काकेशश पर्वत श्रेणी के साथ-साथ चलकर इसी रास्ते में मिल जाने वाला मार्ग; और तीसरा ईरान में जैग्रोस पर्वतमाला के साथ चलकर पश्चिमोत्तर में एलबुर्ज़ पर्वत के साथ टर्की तक जाने का। ये तीनों रास्ते उत्तरी ईरान में एक ही एलाइनमेंट (सीध) में आज के टर्की से होकर गुज़रते रहे। ऐसे में इन रास्तों पर चलने वाले व्यापारियों और दूसरे यात्रियों में से कुछ वहीं टिक कर रहने भी लगे होंगे। और उनकी ऐसी ही किन्हीं बस्तियों में रहने वालों ने बाद में शिव मन्दिर भी बनाए होंगे।'

रात के खाने का इन्तज़ाम किया गया अंकारा पैलेस में—महामहिम उमर सेलिक, वज़ीर-ए-तहज़ीब और सैर-व-सयाहट की ओर से। उन्नीस सौ अट्ठाइस में बनकर तैयार हुई अंकारा पैलेस की इस इमारत को आज की शक्ल मिली 1983 में। हमारे रिसेप्शन और खान-पान के लिए चुने गए शानदार सभागार की सजावट के क्या कहने! लकड़ी की फ़र्श पर फूल-पत्तियों से सजे मोटे कालीन, वैसी ही डिज़ाइनों से सजी मेहराबें और सीलिंग के फ़ानूस, सफ़ेद मेज़पोश वाली गोल टेबल के चारों ओर लाल कुर्सियाँ।

थोड़ा किनारे की एक टेबल पर हमारे साथ आ जमे बाल्कन इलाक़े के एक खोजी स्टूडेंट, जापानी और मेक्सिकन प्रोफ़ेसर, और फिर आए लम्बे-छरहरे मुराद अपनी शरमाती मुस्कुराती माशूका के साथ, आख़िर खुल ही गया इश्क का यह पन्ना भी। डिनर का दस्तूर बड़ी नफ़ासत से नपे-तुले अन्दाज़ और तहज़ीब से चला। शुरू में ख़ास लोगों ने तोहफ़ों की रस्मी अदला-बदला की और बारी-बारी

से मोहब्बत के जज़्बात भरे पैग़ाम ढाले, फिर लज़ीज़ खाने की तश्तरियाँ आती गईं, सब कुछ बड़ी ख़ामोशी और तरतीब से चला।

29

9 मई, 2014

सुपर पावर तहज़ीबों का हिसाब-किताब

बस-स्टैंड पर तेज़ हवा के झोंकों में उड़ते बाल सँभालते बस आने के इन्तज़ार में साथियों से गपियाते रहे। फिर बस की खिड़कियों से अंकारा के कुछ और नज़ारे आँखों में बसा लेने में लगे-लगे हवालीमानी पहुँचे। तीन-तीन बार की जामा-तलाशी वाली सिक्योरिटी से पार होकर लॉबी में ठहरे। सुबह दस बजे अंकारा से उड़ कर वापस डेरा डाला इस्ताम्बुल के उसी पुराने प्यारे ठिकाने—आर्टक्वॉय प्रिंसेस होटल में। फिर, उसी जाने-पहचाने यिल्दिज़ पार्क में टहलते, गुफ़्तुगू करते रहे। और उसके बाद ख़ूबसूरत माल्टा कोसकू (किओस्क) में ख़ास तुर्की अन्दाज़ में लज़ीज़ लंच का लम्बा दौर चला।

दोपहर बाद, टर्की में चले तहज़ीबी डायलॉग में अब तक टिके रह गए भागीदारों का जुटान हुआ होटल के तहख़ाने वाले कमेटी रूम में। इस दरमियान हुई चर्चा का हिसाब-किताब करने के लिए। हमेशा की माफ़िक़ क्रिस सुनने में और ऐंड्रू स्मार्ट-फ़ोन पर अँगुलियाँ खटखटाने में लगे रहे। प्रोफ़ेसर चिंचिला, ताकेशी, फाबिओ, लिंग क्विन एक-एक कर थोड़ा कहना ज़्यादा समझना के अन्दाज़ में बोले। जब मेरा मौक़ा आया तो इतने दिनों से अन्दर ही अन्दर धधक रहे ख़यालात अल्फ़ाज़ों में उबल कर बाहर आ गए—

> 'जब आप पाँच पुरानी तहज़ीबों की बात करते हैं, मतलब ख़ास तौर पर माया-मिस्र, मेसोपोटामिया, इंडस और चीन की तो मेरे ज़ेहन में उस ज़माने की पाँच 'सुपर पावर तहज़ीबों' का अक्स उभरने लगता है। जबकि इस जहान में इनके अलावा और भी बहुत सी समकालीन सभ्यताएँ वजूद में रही हैं। कोई तहजीब किसी एक ज़मीनी मुताले में एकदम अलहदा तो जनमती-बनती-बढ़ती नहीं है, उसके आसपास और दूर की सभ्यताओं का भी उसमें अहम रोल होता है। इसीलिए इस डायलॉग की अपनी-अपनी तक़रीर में मैंने इंडस (सिन्ध नदी) नहीं, गंगा के पहलू में पनपी तहज़ीब पर रोशनी डाली है। मिसाल के तौर पर अगर इंडस या सिन्ध की ही बात की जाए तो पश्चिमी

हिन्द के अलावा बाक़ी हिन्द में उसी दौरान की तहज़ीबों को तो डायलॉग में जगह ही नहीं मिलेगी, यही बात दुनिया के दूसरे इलाक़ों पर भी लागू होती है। ऐसे में, ऐसे बहुत से देश और इलाक़े इस डायलॉग में शामिल ही नहीं हो पाएँगे। फिर तो इस नई पहल का मक़सद अधूरा रह जाएगा। इसलिए मेरी मानिए तो इस डायलॉग का कैनवास उसी हिसाब से फैला दीजिए।'

सभी हाज़िरान ने मेरी बात बहुत ग़ौर से सुनी, उसकी तसदीक की और डायलॉग के अगले दौर में उसमें ज़रूरी तब्दीलियाँ करने की बात भी की। इतने दिन की भागम-भाग के बाद लोगों की दिलचस्पी और ज़्यादा लम्बे डायलॉग में नहीं दिखी। क्रिस ने सब को शुक्रिया अदा करते हुए ऐलान किया—'इंशा अल्लाह अगले दौर के डायलॉग के लिए 2015 में बीजिंग में मिलेंगे' तो लिंग क्विन एक बार फिर चिड़िया की माफ़िक़ चहकीं।

और फिर उठते-उठते, जब ग़ैर-रस्मी तौर पर मेरी मेज़बानी में 2016 में इंडिया में अगले जमावड़े की उम्मीद भी जताई गई तो प्रोफ़ेसर ली लिउ, रेनी, चिंचिला, वग़ैरह ने मेरी ओर गर्मजोशी भरी मुस्कानें फेंकी। मैं पलटकर उनको शुक्रिया अदा करते हुए सोचने लगा—'मुझ जैसे रिटायर्ड बन्दे से भला यह जिम्मेदारी निभ भी सकेगी क्या?'#

इस विषय से जुड़े ऊपर वाले का एक और खेला यहाँ साझा करना दिलचस्प होगा। टर्की वाले डायलॉग से लौटकर यह रिटायर्ड बन्दा फिर से नौकरी में आ गया (भारतीय पुरातत्त्व सर्वेक्षण में महानिदेशक के पद पर)। बीजिंग वाले डायलॉग में भागीदार होकर 'सुपर पावर तहज़ीबों' के साथ दूसरी सभ्यताओं के रिश्तों की पड़ताल का चश्मदीद रहा। अगले डायलॉग की मेज़बानी भारत में करने का न्योता, बाक़ायदा भारत सरकार के आधिकारिक प्रतिनिधि के तौर पर दे आया। इस सिलसिले में 2016 में क्रिस महोदय ने दिल्ली आकर हमारे साथ मिलकर पूरी रूपरेखा तैयार कर ली लेकिन खतो-किताबत और फ़ाइल की रफ़्तार ने उस साल का कार्यक्रम मुल्तवी करा दिया।

'अगले साल यह सोचकर आगे बढ़ने से झिझकता रहा कि नौकरी के दिन बचे ही हैं दो-चार, ऐसे में अगर अब पहल की तो वादा करके निभाएगा कौन? फिर भी बात बढ़ी और 2017 में डायलॉग करने का फ़ैसला पक्का हो गया। इस आयोजन में मेरा इतना ही रोल रहा। आगे के घटनाक्रम ने एक बार फिर समझाया—जितना रब ने तय किया हो उतना ही किरदार होता है हर किसी का। डायलॉग में लगातार तीसरी बार भागीदारी करके हैट्रिक लगाने का इरादा पूरा होने से पहले ही अपना विकेट उड़ गया। मतलब भारतीय पुरातत्त्व सर्वेक्षण में अपना कार्यकाल पूरा करके सेवानिवृत्त हो गया।

'डायलॉग 2017 में मेरी सदेह भागदारी नहीं हुई, उसमें भाग लेने वाले जब 'विश्व विरासत सूची' में शामिल गुजरात के 'रानी की वाव' का बेजोड़ शिल्प निहारने पहुँचे तो क्रिस थॉर्नटन ने वहाँ स्मारक-परिसर में मेरे द्वारा रोपित नीम के पेड़ के साथ लगे मेरे नाम-पट्ट को देखकर उसके फ़ोटो सहित लिख भेजा— 'You were there in spirit... ... Renee Friedman, Li Liu, Augusta McMahon, and others sent their best wishes to you! (आत्मिक रूप में तुम वहाँ रहे और रेनी, फ्रीडमैन, ली लिउ, ऑगस्टा मैकमोहन और अन्य ने तुम्हें अपनी सर्वोत्तम कामनाएँ भेजी हैं)।

30

9-10 मई, 2014

चलाचली

सात दिनों के डायलॉग का सब से भावुक दौर आ पहुँचा। अब तक लोग एक-दूसरे से ज़्यादा-कम पहचान बनाकर अलग-अलग या ग्रुप में बोलने, हँसने और खुल कर चुहल करने लगे थे। तभी क़रीब आकर दूर-दूर चले जाने का वक़्त आ गया। शाम को हम सब जुटे उसी 'बहचेशीर यूनिवर्सिटी' (Bahcesehir University) के जाने-पहचाने रेस्टोरेंट में जहाँ हम पहले आपस में तक़ल्लुफ़ जताते हुए मिले थे। गोल मेज़ों के गोलदारे में जिधर नज़र उठती क़रीबी मुस्कान जवाब में मौजूद मिलती। बाहर समन्दर की ओर कुछ दूर तक झिलमिलाती रोशनी आगे के स्याह फैलाव में गुम होती दिखती।

एक के बाद एक मानिन्द मेहमानों ने, फिर मेज़बानों ने और उसके बाद हमारे बीच से कुछ ख़ास नामचीनों ने डायलॉग के दौरान के अपने तजुर्बे या नज़रियों का इज़हार किया। फिर प्रोफ़ेसर बाकिर करिंगा और उनके साथी मेज़बान एक-एक कर हर मेज़ पर आकर हममें से हर एक से मिले, अपने-अपने मुल्कों से तकलीफ़ उठाकर उनके वतन तक आने और डायलॉग में भागीदारी के लिए तहे दिल से शुक्रिया अदा करते हुए कभी भी अपने लायक़ कुछ हो तो बेझिझक याद करने की दिली इल्तिज़ा की। पूरी गरमजोशी से हाथ मिलाते हुए हमने उनकी मेज़बानी की तारीफ़ के साथ एहसास-ए-शुक्रिया ज़ाहिर किया।

अगले दिन सुबह हम लोग अपने काँधे पर लैपटॉप-बैग लटकाए, गरारियों वाले सूटकेस घिर्राते, होटल की लॉबी में जुटे तो आज यहाँ कल वहाँ उड़ते रहने वाले कुछ फ़ाक़ामस्त नुमाइन्दे बड़े इत्मीनान से विदा हो लिए लेकिन जगह-जगह दिल बहाने वालों की आँखों की कोर बरबस नम नज़र आई।

हमारा जहाज दूसरे पहर उड़ना था इसलिए अभी भी हमारे पास आधे दिन से ज़्यादा का वक़्त कुछ और देख लेने के लिए बचा हुआ था। लेकिन मुझे यह शुबहा सताने लगा कि यहाँ के रास्तों और ट्रांसपोर्ट नेटवर्क से नावाकिफ़ होने की वजह से कहीं इस चक्कर में मेरी फ़्लाइट ही ना छूट जाए। इस पसोपेश से निजात दिलाई लिंग क्विन ने। कुस्तुन्तुनिया में पहले भी ख़ासा वक़्त गुज़ार कर यहाँ से अच्छी वाक़फ़ियत रखने के बारे में वे मुतमइन नज़र आई। प्रोफ़ेसर रेनी और ऑगस्टा ने भी उसके साथ पुराने शहर का एक और चक्कर लगा आने का इरादा जताया तो मैं

भी साथ लग लिया। हमारी बातें सुन रहे प्रो.फ़ेसर रिचर्ड ने मुस्कुराते हुए फिकरा फेंका—'विद थ्री लेडीज़...।'

होटल से हवालीमानी पहुँचते ही अपने-अपने बैगेज असबाब घर के हवाले किए और 'ली' की लीडरी में मेट्रो पकड़कर निकल पड़े सोफिया और नीली मस्जिद देख लेने के इरादे से। सोफिया की बड़ी शोहरत सुनी थी। असल में चर्च, फिर मस्जिद, और अब अजायबघर के तौर पर इस्तेमाल हो रही यह नायाब इमारत तामीर कराई गई थी 'एम्परर जस्टिनियन' के वक़्त में आज से 1400 साल पहले (537 ईस्वी)। 1943 में ऑटोमन सुल्तान मेहमेत ने इसे मस्जिद में तब्दील किया लेकिन आज, ना तो क्रिस्तानी ना मुस्लिम, इसमें किसी भी तरह की इबादत की मनाही है। इसकी टक्कर में कोई तीन सौ बरस पहले सुल्तान अहमेत (अहमद) ने पास में ही एक बहुत ही ख़ूबसूरत मस्जिद बनवाई जो अपनी 20,000 नीली टाइल्स की बदौलत 'नीली मस्जिद' के नाम से मशहूर हुई। इन लाजवाब इमारतों को देखने बेशुमार सैलानियों का तांता लगा रहता है।

लिंग क्विन तो चली गईं मसाज के फेर में और हमारे सोफिया के सामने पहुँचने पर, इसे अन्दर से देखने वालों की इतनी लम्बी क़तार नज़र आई कि हम तो उसमें घंटों लगे ही रह जाते अपनी बारी आने तक। लिहाज़ा साथ बची दोनों मोहतरमाओं के साथ हमने बाहर से ही सोफिआ की मीनारों पर हसरत भरी निगाह डाली और पास के मशहूर पुराने बाज़ार में चक्कर लगा लेना बेहतर समझा।

मोहतरमाएँ बाज़ार की दुकानों में मोल-भाव में उलझ गईं। अपनी बिटिया रानी की फ़रमाइश याद करके मैं भी कुछ ख़रीदने की फ़िकर में कभी इस तो कभी उस

बाज़ार, इस्ताम्बुल, टर्की

दुकान में घूमने लगा लेकिन कुछ पसन्द नहीं कर पाया। थोड़ी ही देर में रेनी ने मेरा अनाड़ीपन भाँप कर ख़ुद ही एक रंग-बिरंगा स्कार्फ़ ख़रीदवा दिया।

स्कार्फ़ ख़रीदने के बाद मेरा मसरफ़ पूरा हो गया। उसके बाद क्या करते, यूँ ही देखते रहे : बाज़ार की रोशनी, चमचमाती तश्तरियाँ, रूमाल, रंगीन डिज़ाइनों वाली मेहराबें, जूतियाँ-चप्पल, बक्लावा और दूसरी तमाम तरह के सामानों की जगमगाती दुकानें। बाहर सड़क से लगे मेट्रो स्टेशन के खुले-धुले नज़ारे के पीछे नीली मस्जिद का गुम्बद। इतना सुनता रहा था इस बाज़ार के बारे में कि ना देख पाता तो कसक रह जाती और देखकर महसूस हुआ इसकी शोहरत यूँ ही नहीं।

लौटकर हवालीमानी के अहाते में लिंग क्विन ने चहकते हुए, वहाँ लगे कियोस्क से सबके बोर्डिंग पास चट-पट निकालकर हमें थमाए और फिर सब अपना-अपना असबाब सँभालते, हाथ हिलाते, फिर मिलने की आस जताते, अपनी-अपनी एयर लाइंस के चेक-इन काउन्टर और सिक्योरिटी की ओर चल दिए।

बीच में बचे रह गए समय में एक बेंच पर अकेले बैठकर दिल्ली से ढो रहे डब्बे में बची रह गई दो-तीन मठरियाँ पेट के हवाले करके ख़ाली डब्बा डस्टबिन में फेंका। फिर एयरपोर्ट की रौनक और चहल-पहल देखता रहा। सबसे मज़ेदार लगे सामने की दुकान में सजी ऊँची कुर्सी पर मौज से बूट-पॉलिश करा रहे सफाचट गोल खोपड़ी, गोल मुख और गोल-गोल आँखों वाले रोबदार गोल-मटोल जनाबे आली।

सब तरफ़ से फ़ारिग होकर सोचता रहा : बहुत कुछ देखने-सुनने-गुनने को मिला कुस्तुन्तुनिया और टर्की में, नेशनल जिओग्राफ़िया की बदौलत। बहुत-बहुत शुक्रिया, क्रिस!

जहाँ जाकर फिर-फिर वहाँ जाने, और जिसे देखकर फिर-फिर देखने की मीठी-मीठी कशिश रह जाए, वैसा ही है कुस्तुन्तुनिया। परवरदिगार की मर्ज़ी हुई तो फिर जाएँगे।